Un potager haut en couleur

58, rue Jean Bleuzen
92178 Vanves Cedex

Edition : Fabienne Travers
Adaptation graphique : Julie Patron
Relecture : Valérie Poge

Un potager
haut en couleur

Sommaire

Avant-propos

Tout a commencé par une histoire de goût

Ou, plutôt, par une réflexion que je me suis faite il y a quelques années : comment en France, dans ce pays roi de la grande cuisine et réputé dans le monde entier pour son terroir et son agriculture, peut-on si souvent manger les mêmes fruits et légumes ? Suis-je la seule à constater le peu d'originalité des variétés proposées sur les étals de nos marchés (ou supermarchés) ? À trouver que les produits n'ont souvent pas de saveurs, de nuances ?

J'ai de plus en plus le sentiment que beaucoup de nos marchés sont devenus de simples grossistes, recherchant davantage la vente en nombre et la marge que la diversité de leurs produits. Il faut avoir l'œil pour reconnaître l'étal qui propose des fruits et légumes biologiques de variétés anciennes, mais qui pourtant trop souvent viennent d'ailleurs. Je ne dis pas qu'il faut cesser d'importer certains produits, surtout quand il s'agit de raretés, mais je ne m'explique pas pourquoi acheter des courgettes d'Espagne alors que nous savons très bien les produire en France ! C'est que, comme souvent, le profit gagne contre la raison.

Mais où sont passées les richesses du terroir de mon pays ?

Je les vois année après année disparaître de nos marchés. Si ce n'est pas une généralité absolue, force est de constater que la qualité des produits que nous mangeons se dégrade. Connaissez-vous Almeria ? Malheureusement, ce mot n'est pas aussi glamour que quand il était murmuré par Brigitte Bardot dans la chanson *Initials B.B.*, de Serge Gainsbourg. Almeria, c'est en réalité un mix entre le Mordor (« pays noir ») du *Seigneur des anneaux* et le monde obscur de *Matrix* – pour ceux qui ont les références. Cinq fois la taille de Paris, soit 480 km^2 de serres chauffées toute l'année, au mépris des saisons, dans la région d'Almeria, en Espagne. Ce modèle d'ultra-production nous fournit des fruits et légumes en nombre, devenant le potager de toute l'Europe, au détriment de l'environnement et de l'exploitation de milliers d'ouvriers. Car ceux qui y travaillent sont souvent des réfugiés que l'on a oublié de traiter comme des personnes. Quant aux plantes qui y sont cultivées, on a oublié qu'elles étaient des organismes vivants dont il faut prendre soin. Il n'y a plus de nature à Almeria, seulement une usine à cracher du produit : « Sortez du légume un maximum, on veut de l'oseille ! » Almeria, c'est ce qu'il y a de pire en matière d'agriculture intensive. Et ce sont très souvent ses produits que vous retrouvez au marché, à prix cassés.

Ma quête du goût a donc commencé par cette consternation. Mais, à l'époque, je ne connaissais strictement rien aux plantes. La botanique… Pardon, la bota quoi ? Mais d'ailleurs, ce que je mange, ça pousse comment ? Combien de temps, par exemple, cette carotte a mis pour arriver dans mon assiette ? Et d'où vient-elle ?

Néorurale, moi ? Oui, et j'assume !

Il a bien fallu que j'apprenne tout, puisque ça ne m'avait pas été particulièrement enseigné à l'école – pardon aux professeurs de sciences et vie de la Terre, ils ne sont pas à blâmer ; en réalité, trop peu de mesures sont mises en place par l'État dans les écoles et manuels scolaires. Il est triste de constater que les enfants – et beaucoup d'adultes d'ailleurs – distinguent parfaitement les marques des vêtements qu'ils portent alors qu'ils sont incapables de reconnaître les arbres et les plantes qui les entourent… Comment voulez-vous que les gens respectent le travail des agriculteurs s'ils ne savent pas comment pousse ce qu'ils mangent ?

Je l'avoue, j'ai eu honte de moi quand j'ai admis que je ne le savais pas. Parce que manger, c'est quand même l'acte le plus primaire et universel qui soit.

Alors j'ai voulu comprendre l'agriculture, la culture du sol et du vivant. J'ai lu une montagne de livres, des encyclopédies, des auteurs japonais, canadiens, américains, français, anglais, cubains, israéliens, coréens et j'en passe.

Puis, après l'étude théorique, il a fallu passer à la pratique : c'était un peu « The Simple Life », le retour. (Pour ceux qui ne connaissent pas, « The Simple Life » est une émission de téléréalité où Paris Hilton et Nicole Richie, deux jet-setteuses, doivent survivre à la vie dans une ferme.) Pour sauter le pas, je me suis inscrite à une formation en agriculture biologique à la Ferme de Sainte Marthe, un organisme initiant aux métiers liés au vivant. Je suis partie m'installer plusieurs mois là-bas, en Sologne, où j'ai loué une maison avec ma jeune chienne, Olga. Certes, j'avais vaguement eu quelques expériences dans des fermes mais aucune aussi longue et seule, immergée à 100 % à la campagne. Moi, l'urbaine pur sang, pure talons aiguilles.

Tout de suite, j'ai adoré. Tant et si bien que j'ai poursuivi plusieurs années d'apprentissage. Pour devenir agricultrice, il faut bien plusieurs saisons pour tâtonner. Puis j'ai passé mon brevet professionnel responsable d'exploitation agricole avec l'espoir d'avoir un jour ma propre ferme.

Si j'ai appris une chose, c'est que la nature ne s'apprend jamais complètement. Certes, on en maîtrise des codes, mais elle reste une maîtresse imprévisible.

La religion du bien manger en héritage

Certes, je suis une néorurale, je m'émerveille donc facilement de ce que j'avais oublié : la nature. Il est vrai que je viens « du béton », comme on me l'a rétorqué à maintes reprises. Parfaitement, et je l'assume. Je suis née et j'ai grandi à Paris, loin des couleurs des champs, mais proche des restaurants dans lesquels je mange depuis mon enfance avec mon père. Je le conçois, c'est une chance d'en avoir eu les moyens.

C'est ainsi que mon père m'a transmis son amour de la cuisine traditionnelle, franche, et des bons produits. Je l'observais souvent complice et malicieux avec un chef ou un restaurateur, riant à la vie en commandant par exemple « un vin d'homme » (dommage que vous ne voyiez pas la gestuelle qui accompagne cette demande). Aller au restaurant avec lui, ce n'était pas juste commander un steak/frites et repartir. Non, on y discutait avec les cuisiniers et propriétaires, un échange toujours stimulant. Depuis, le restaurant est pour moi synonyme de vie, de magie : transformer et assembler des produits, c'est en effet un art. Et si en plus l'ambiance y est agréable, familière, le restaurant devient une seconde maison.

Mon père est un hédoniste gastronome dont la seule religion est le bien manger. Je lui suis éternellement reconnaissante de cette éducation gustative. Il m'a aussi transmis l'amour des marchés et des beaux produits, comme ceux que nous aimons choisir en Aveyron, et qu'importe la longueur du trajet pour atteindre ces étals débordant de couleurs. De cette transmission, j'ai retenu une leçon : il n'y a pas de récompense sans efforts.

Si je vous disais que je n'ai pas toujours été jardinière...

Il est temps que je vous parle d'un grand écart. Celui que j'ai fait dans ma vie.

Deux jours avant de partir en Sologne pour mon initiation agricole à la Ferme de Sainte Marthe, j'étais au Festival de Cannes avec Gaspar Noé pour présenter son moyen métrage *Lux Æterna*. Tenue de soirée, chaussures à talons qui font mal aux pieds et maquillage de rigueur.

Ce n'était pas la première fois que j'expérimentais l'ambiance tapis rouge. J'ai en effet travaillé quelques années pour une agente artistique de renom s'occupant de nombreux talents cinématographiques. D'Élisabeth Tanner, j'ai appris que s'occuper de « talents » demande une rigueur, une organisation et une présence irréprochables. En cela, la série « Dix pour cent » est très proche de la réalité. J'ai adoré l'effervescence, les 50 000 tâches à enchaîner... Finalement, le métier d'agricultrice est tout à fait similaire à celui d'agent, à l'exception près qu'une carotte n'a pas les exigences d'une actrice !

Plus jeune, j'ai habité plusieurs mois à Tel Aviv, Berlin et Barcelone. J'aimais bouger continuellement car je travaillais la nuit, tout près des basses ultra-puissantes de la musique électronique, de ses clubs, ses festivals partout dans le monde. Les foules transcendées me fascinaient. J'ai été manager de tournée, j'accueillais des artistes en clubs, autrement dit j'étais « booker » comme on le dit dans ce milieu pour parler du métier d'agent. (Cette fois, c'est « Dix pour cent », le préquel !)

Tout ça pour vous dire que j'étais à un million de kilomètres d'imaginer qu'un jour, rien ne me fascinerait plus que de voir pousser une plante.

Bottes et boue le jour, talons et asphalte la nuit !

Dès le début, j'ai su que je voulais trouver un moyen de réaliser ce métier tout en gardant un pied en ville. En débutant mon apprentissage, je savais déjà que mon but était de travailler avec des chefs et des restaurants.

J'ai toujours été fascinée par les nombreuses capacités de transformation d'un légume, d'une aromatique, de produits bruts. Alors l'idée de voir mes légumes sublimés en l'honneur du goût était à mes yeux le plus bel accomplissement.

Et, tout naturellement, j'ai adopté une double vie : agricole et urbaine. Bottes et boue le jour, talons et asphalte la nuit (parfois).

En revanche, j'ai du mal à me définir comme « maraîchère » tant je déteste ce mot. Le terme anglais *food gardener* me plaît davantage, mais rend moins bien une fois traduit, comme beaucoup d'anglicismes : « jardinier de la bouffe », même si, quelque part, il définit bien ma franche personnalité.

Une remise en question nécessaire de notre façon de manger

L'alimentation : toujours un marqueur d'inégalité

L'alimentation a toujours été une question d'accès et de ressources devant lesquels nous sommes loin d'être égaux. « S'ils n'ont pas de pain, qu'ils mangent de la brioche ! » Mythe ou rumeur, cette phrase attribuée à Marie-Antoinette lors de la Révolution française n'en demeure pas moins un symbole de notre histoire et illustre le clivage social persistant quand il s'agit de se nourrir. Avec l'actuelle inflation, cette disparité a augmenté, incitant malheureusement certains d'entre nous à négliger la qualité pour subvenir aux besoins primaires. Tout cela sur fond de crise écologique grandissante, inquiétante.

Il faut aussi admettre que nos habitudes de consommation ont radicalement changé.

D'après l'enquête Budget de famille établie par l'Insee en 2017[1], sur les soixante dernières années, la consommation globale, tous postes confondus (alimentation, logement, services, habillement) a triplé pour chaque personne. Contrairement aux générations précédentes, se loger en ville est devenu un parcours du combattant, acquérir une maison est source d'un endettement de plus en plus grand. Les prix n'ont fait qu'augmenter et ce, au détriment de ce que nous mangeons. En moyenne, un ménage français dépense 3 600 € par an pour s'alimenter, soit 20 % de son budget. Seuls 10 % de ce budget sont alloués aux légumes et 7 % aux fruits, soit environ 50 € par mois. C'est si peu. À vrai dire, il a fallu produire une campagne publicitaire pour rappeler que les fruits et les légumes existent, et qu'il faut en manger au moins 5 par jour. Il a aussi fallu expliquer que « les légumes moches » sont bons ! Comme si nous avions oublié que l'habit ne fait pas le moine.

La production alimentaire aux mains des multinationales

À la décharge des consommateurs, les fruits et légumes ont été standardisés, ils se ressemblent tous : même calibre, même forme, même couleur. Car, en grande majorité, nos aliments sont issus de semences produites par des multinationales, dont le seul but est de vendre les pesticides ou engrais qui optimiseront les récoltes. En d'autres termes, ces entreprises ne veulent pas bien nous nourrir, ils veulent faire du profit.

Comment ignorer aujourd'hui que l'industrialisation de notre monde et du système agroalimentaire se concentre sur ce profit au détriment de la qualité… et de notre santé ?

Ces entreprises n'ont aucun respect des saisons ; en témoignent ces tomates qui poussent

[1] https://www.insee.fr/fr/statistiques/4764315?sommaire=4648339

en hiver pour être vendues à des prix dérisoires, insultant les agriculteurs qui exercent avec passion leur travail. Il n'y a rien de bon dans les tomates hollandaises cultivées sous des serres chauffées toute l'année et vendues 1,50 € le kilo !

> ***À force de cultiver en masse pour obtenir de meilleurs rendements, la valeur nutritive de ce que nous ingérons s'est considérablement dégradée avec l'évolution de l'agriculture.***

Quand, dès la Première Guerre mondiale, la mécanisation et l'apparition des engrais chimiques ont rendu le travail des agriculteurs plus facile, plus rapide, on ne s'est pas rendu compte des conséquences sur la biodiversité et sur la qualité de nos sols. Or nous savons aujourd'hui qu'un sol labouré, surexploité, monocultivé, perd sa vitalité et ses micronutriments. Il n'est pas qu'un simple support de production, comme nous le rappellent à juste titre les spécialistes du sol Claude et Lydia Bourguignon dans leur traité *Le Sol, la Terre et les Champs* (Sang de la terre-Médial, 2022). Le constat, soixante-dix ans plus tard, est que les légumes n'ont plus de goût, les fruits sont presque tous riches en pesticides ; les blés accros aux engrais sont semés à l'infini et confèrent une allure désertique à nos champs...

Rappelons que l'agriculture est la première source de pollution dans le monde. Alors qu'elle nous est nuisible, nous continuons pourtant à fermer les yeux, à détruire nos sols, à mal nous alimenter. Sommes-nous dans un *Mad Max* agricole ?

Des variétés mutantes, rentables mais non reproductibles

Les multinationales, loin de s'en tenir à nos sols, se sont aussi approprié la source de notre alimentation : les semences. En modifiant leur génome ou en croisant des espèces pour obtenir une variété hybride, plus résistante, elles ont créé une sorte de mutant productif et rentable, mais ayant le défaut de ne pas être reproductible. Or l'essence même du vivant est de se reproduire : à la fin de son cycle de vie, une plante produit un fruit contenant des semences lui permettant d'assurer sa reproduction. Ce n'est pas tout. Nous faisons face, depuis juillet 2023, à un nouveau risque : l'introduction sur le marché de semences NBT (*New Breeding Technique*, qui se traduirait par « Nouvelle Technique de Sélection ») sans que le consommateur en soit informé sur l'étiquetage des produits... Puisque ces semences ne sont pas considérées comme des OGM, elles ne répondent pas à la même réglementation. Avec les NBT, il ne s'agit pas d'introduire des gènes d'une espèce étrangère – comme c'est le cas pour les OGM – mais de cibler un gène déjà présent dans la plante et de l'optimiser pour « prétendument » améliorer son ADN et la rendre plus commercialement intéressante, plus résistante à une maladie.

Ne vous faites pas avoir ! L'un dans l'autre, il s'agit bien d'une transformation génétique et d'une manipulation des industries agro-chimiques et semencières pour introduire leurs espèces transformées. OGM et NBT nuisent à la biodiversité, on ne connaît pas à ce jour l'impact sur le long terme de leur implantation : ces espèces introduites peuvent par exemple se propager au détriment de l'existence d'autres plantes, entraîner le développement d'herbes indésirables, modifier la qualité de nos sols déjà épuisés par l'agriculture intensive[2]... Tout cela est une excuse pour introduire davantage de chimie et surtout pour contrôler la mise sur le marché des semences, au détriment de nos semences paysannes, ces variétés qui disparaissent d'année en année. Or, pour correctement s'implanter sur un terroir, une plante a besoin de s'y adapter, de s'y développer au fil du temps. Ces industries veulent nous imposer une agriculture plus rapide, plus efficace et totalement contre nature. Un pas de plus, encore, vers une uniformisation de notre alimentation, sans maîtrise des impacts sur notre santé et l'écologie.

Une standardisation de la production

Depuis cinquante ans, ce que nous mangeons s'est uniformisé en raison des critères imposés par des réglementations et des politiques d'influence à la faveur de ces entreprises.

Ainsi, pour qu'une semence puisse être commercialisée, elle doit répondre à 3 critères imposés par la France pour être inscrite à son catalogue officiel[3] créé en 1932 : homogénéité, stabilité et distinction.

1. **Homogénéité** : « Une variété est suffisamment homogène si les plantes qui la composent sont, compte tenu des particularités de leur système

[2] https://enveurope.springeropen.com/articles/10.1186/s12302-020-00301-0

[3] https://cat.geves.fr/CAT_WEB/Data/RT_Plantes_potageres_2010.pdf

de reproduction, semblables pour l'ensemble des caractères utilisés pour établir sa description. »

2. **Stabilité** : « Une variété est stable si, à la suite de ses reproductions ou multiplications successives, ou à la fin de chaque cycle au cas où le déposant a défini un cycle particulier de reproduction ou de multiplication, elle reste conforme à la définition de ses caractères essentiels. »

3. **Distinction** : « Une variété est distincte si, au moment où l'inscription est demandée, elle diffère nettement par un ou plusieurs caractères morphologiques ou physiologiques de toute autre variété connue. »

Mais pourquoi la nature devrait-elle répondre à des critères ? Et pourquoi faudrait-il jeter aux oubliettes des milliers de variétés préexistantes à ces lois ?

De même, pour obtenir le label biologique, les variétés cultivées doivent être inscrites au catalogue officiel européen ou produites par des semenciers bio, ce qui, de fait, conduit à une standardisation de la production. Le système est bien ficelé, puisque sans labellisation il n'est pas possible d'obtenir certaines subventions ou aides des États. Or les différentes subventions, que ce soit au niveau européen ou national, par les aides mises en place par les pouvoirs publics, ne favorisent pas suffisamment les systèmes vertueux de production.

Il n'est pas question ici de retourner la charge contre les agriculteurs, premiers concernés et prisonniers de ces normes. Mais, à mon sens, les États et les politiques publiques devraient les aider à évoluer vers un système certes rentable mais plus agroécologique.

Agriculteur : une profession qui ne fait plus envie

L'agriculture est une passion, une collaboration avec la nature au profit de l'homme. Cette union n'a de sens que si nos pratiques agricoles tendent vers davantage de respect du sol et du vivant, en créant ou transformant les exploitations, quelles que soient leurs tailles. En France, une exploitation mesure en moyenne 69 ha, soit 96 terrains de foot pour vous donner une idée de l'immensité.

Je ne dis pas que les petites exploitations agricoles répondent à toutes les solutions, mais je suis convaincue que ces modèles à échelle humaine reconnectent le consommateur au producteur, et l'agriculteur au vivant. Soit le point de départ à un modèle écologique plus viable et attractif pour les personnes souhaitant exercer ce métier. Où la nature est respectée car l'on prend le temps de s'occuper du sol, de le cultiver différemment. Un postulat fondamental quand 45 % de nos agriculteurs vont partir à la retraite d'ici à 2026.

Pour un grand changement, à nous de nous faire violence pour ne plus accepter une alimentation de basse qualité, trop souvent transformée, pour ne plus manger des fruits et légumes sans goût, cultivés sans amour de la vie et sans contact avec le sol.

Labels et aberrations écologiques

Label biologique, Haute Valeur Environnementale, Nature et Progrès, Zéro Résidu de Pesticides, Demeter, etc. Il existe aujourd'hui une grande quantité de labels et appellations répondant à des cahiers des charges distincts mais tous censés garantir la qualité des aliments vendus aux consommateurs. Pourtant, selon « l'étude de démarches de durabilité dans le domaine alimentaire » menée par la WWF France, GreenPeace et Basic en 2019[4], ces gages de qualité et de vertus agro-environnementales ne sont pas toujours respectés. De plus, face à cette prolifération de labels, les consommateurs ne s'y retrouvent plus.

Au risque de vous surprendre, le label biologique, attribué à des plantes non issues de semences OGM et non traitées par des produits chimiques, n'est à mon sens pas toujours synonyme de goût ni de qualité. Je ne trouve pas que la courgette bio vendue en hypermarché soit aussi appréciable que celle cueillie à bonne maturité et vendue le jour même sur un marché ou tout autre réseau plus direct par certains agriculteurs.

Certes, avec ce label, vous avez la garantie, non négligeable, de ne pas ingérer de la chimie, mais pas forcément celle d'un travail délicat d'une personne passionnée par ce qu'elle fait.

Il me paraît nécessaire de valoriser le travail effectué par des paysans valorisant leur terroir.

Bien sûr, aucune norme n'est parfaite et il vaut mieux une orientation sur la qualité du produit que l'absence d'informations sur sa provenance et sa composition.

[4] https://www.wwf.fr/sites/default/files/doc-2022-02/GREENPEACE_WWF_BASIC_RAPPORT_TRANSVERSE_2022.pdf

Des critères de semences hybrides

Pour bénéficier de label, le travail des agriculteurs doit répondre à un certain cahier des charges contraignant… et qui n'a parfois pas de sens. À titre d'exemple, mes tomates ne peuvent pas être labellisées bio, alors même que le travail que je réalise est parfaitement écologique, respectueux de l'environnement. Mais voyez-vous, pour être labellisées, mes tomates doivent être inscrites au Catalogue officiel ou vendues par des semenciers labellisés bio. Ce qui exclue les échanges entre particuliers, collectionneurs ou tout autres petites structures.

Or les semenciers industriels ayant littéralement privatisé cette production, pour accéder à ce catalogue, il faut passer de multiples contrôles, onéreux et absurdes, qui de plus ne correspondent pas aux critères des variétés paysannes que je cultive. Encore ces critères d'homogénéité et de stabilité qui me font horreur.

Ainsi, la France et l'Union européenne favorisent l'utilisation des semences hybrides F1*, stériles – qu'il faut donc racheter d'une année sur l'autre – plutôt que celles des semences paysannes dites communément « anciennes ». Pas étonnant, dans ces conditions, que la diversité de nos variétés soit en danger ! Car un produit vendu et obtenu par une semence donnée, échangée par exemple avec un voisin, ne peut, selon les critères retenus, être considéré comme acceptable. Aberrant, non ?

Bien sûr, il existe des démarches pour demander des dérogations, mais les agriculteurs n'ont pas le temps de se perdre dans cette paperasse, en particulier s'ils produisent une quantité importante de variétés non inscrites – pour vous donner une idée, je produisais une soixantaine de variétés anciennes en 2022. Il existe déjà tant de tâches administratives et chronophages à exécuter…

Les vases communicants

En dehors de ce critère semencier, j'aimerais que l'on m'explique comment garantir que les terres cultivées en bio ne soient pas exposées aux pesticides des champs voisins, cultivés en agriculture conventionnelle. Par ailleurs, les biopesticides comme le Spinosad ou le Bt (*Bacillus thuringiensis*), autorisés en agriculture biologique, sont certes d'origine naturelle, mais utilisés en grande quantité ils peuvent être tout aussi nocifs[5].

Et croyez-vous vraiment que les organismes certificateurs de labels analysent tous les sols des agriculteurs pour vérifier le taux de produit utilisé ? Certainement pas : ils n'en ont ni le temps ni les moyens. Sans parler des matières premières nécessaires aux cultures.

Comment garantir que le compost épandu sur ces dernières ne contient pas de plastique ? On y trouve en effet presque toujours des résidus – comme des emballages, des bouchons de stylo… Est-ce écologique ? – à moins de produire son propre compost, ce qui est un travail supplémentaire considérable sur une grande surface exploitée.

Concernant le terreau nécessaire à la préparation des semis, il contient en grande majorité de la tourbe. Cette matière organique obtenue par l'accumulation de plantes mortes en cours de décomposition provient de milieux humides, les tourbières. Or ces zones humides sont surexploitées, drainées, ce qui bloque la rétention d'eau au sol alors qu'elle est nécessaire au maintien de la qualité des nappes phréatiques souterraines. Ces tourbières, lieux d'habitation d'une diversité animale et florale, stockent également une grande quantité de carbone. Leur épuration est donc un désastre. Comme le pétrole, cette ressource finira par atteindre ses limites mais, une fois encore, le terreau répond à un marché prolifique et à un aspect pratique pour les agriculteurs. Il est en effet plus facile d'acheter des sacs de terreau que de se lancer dans la fabrication artisanale d'un substrat pour semis.

Soyons claire : je ne suis ni un exemple ni parfaite dans mes pratiques. Mais, en exerçant et en observant ce métier, des questionnements m'apparaissent, et je cherche dorénavant à trouver des solutions. À quoi bon me labelliser si cela ne valorise pas davantage mon travail ? Que signifie un label à prétendue Haute Valeur Environnementale pour des tomates qui poussent sans contact avec le sol et dans des serres chauffées en hiver ?

> ***Je crois vraiment que l'avenir de notre agriculture réside en la création d'exploitations bien plus petites, où les agriculteurs ont la possibilité de maîtriser entièrement leurs productions, de prendre soin de leur sol, contrairement aux méga-fermes qui nous inondent sur les étals de produits sans goût et uniformes.***

Les mots suivis d'un astérisque * sont expliqués dans le lexique en fin d'ouvrage.

[5] https://www.efsa.europa.eu/en/efsajournal/pub/5252

Revoir nos habitudes de consommation

Nous devons tous améliorer nos valeurs et nos habitudes.

Je vous le concède, il est parfois plus facile, par manque de temps, de commander un plat livré à domicile ou de réchauffer une pizza surgelée que de se préparer à manger sainement. Pourtant, des solutions existent pour mieux se nourrir.

Diminuer notre consommation de viande

La viande représente encore 25 % de notre budget alimentaire annuel. Loin de moi l'idée d'appeler au végétarisme (dont je suis incapable), mais plutôt à la modération et à la sélection. Surtout quand on sait que la France consomme deux fois plus de viande que la moyenne mondiale. À raison d'environ 80 kg de viande consommés par personne en 2022 contre 20 kg au XIXe siècle[6], ces chiffres soulignent particulièrement le changement de notre alimentation. D'autant plus que cette viande ingérée provient majoritairement d'élevages industriels qui sont loin de respecter le bien-être animal, sans parler de la qualité du produit obtenu. Encore une fois, cela est en faveur des hypermarchés au détriment des éleveurs et de nos bouchers.

Acheter local

La deuxième solution est d'acheter ses fruits et légumes le plus localement possible. Car, si les supermarchés et hypermarchés offrent une solution de facilité pour accomplir toutes nos courses en une fois, ils nous ont déconnectés des producteurs – sans compter qu'ils ont enlaidi de manière conséquente nos périphéries. Et puis n'oubliez pas qu'en achetant systématiquement vos fruits et légumes au supermarché vous aidez ces derniers à réaliser une marge importante sur vos achats au détriment des agriculteurs.

- Connaissez-vous les AMAP (Association pour le maintien de l'agriculture paysanne) ? En cherchant sur Internet AMAP et votre commune, vous pourrez identifier celles qui sont présentes autour de vous.

Elles vendent par exemple des paniers de légumes de 5 kg pour une famille de 4 personnes entre 13 et 15 € par semaine, selon votre lieu d'habitation. Ainsi, vous aurez la certitude d'acheter des produits frais directement auprès des agriculteurs, récoltés à bonne maturité, à moins de 50 km de chez vous.

Cela demande un peu d'organisation d'aller chercher votre panier une fois par semaine, mais n'avez-vous pas envie de savoir d'où proviennent vos denrées et comment celles-ci poussent ? De connaître les acteurs de vos repas ?

- À un prix supérieur, il existe aujourd'hui de plus en plus de commerces de proximité, de magasins paysans qui mettent en avant le travail des producteurs. Je crois sincèrement au développement de ceux-ci, qui font renaître nos villes et villages en plus de remettre de la qualité dans vos paniers.

Devenir consomm'acteur

Seul le rapprochement entre le consommateur et l'agriculteur garantit la qualité des produits.

Allez dans les fermes, discutez avec les producteurs, renseignez-vous sur ce que vous mangez et méfiez-vous de l'industrialisation de l'alimentation.

Nous n'avons jamais eu autant accès aux informations, à la science, alors cessons de consommer aveuglément. Nos actes, aussi petits soient-ils, ont un impact sur l'environnement. J'ai confiance en notre capacité à tous à avancer contre vents et marées ; nous avons une force incroyable si nous agissons ensemble. Alors faisons de la protection de ce bien commun que sont le vivant, la terre, le sol dont émane tout ce que nous mangeons, une priorité.

Produire ses fruits et légumes

C'est la solution que je préfère, vous vous en doutez ! Si vous en avez la possibilité, cultivez vous-même vos fruits et légumes, que ce soit dans votre jardin, sur un balcon de 5 m² comme le fait Valéry Tsimba (dont je vous invite à lire le livre, *Mon balcon nourricier en permaculture*, Ulmer, 2021), dans des potagers partagés, sur les toits des villes, dans les écoles, etc. Il est temps de se réapproprier chaque espace disponible en ville.

Ces quelques plantes qui pousseront seront sources de joies… et d'économies. C'est aussi en mettant les mains dans la terre qu'on se sensibilise au vivant, comme l'expliquent si bien Jean-Martin Fortier et Marie-Claude Lortie dans *L'avenir est dans le champ* (Éditions La Presse, 2019) : pourquoi ne pas commencer par le radis, qui ne réclame aucune exigence ni expertise ?

[6] https://www.lemonde.fr/planete/article/2023/06/01/un-francais-consomme-deux-fois-plus-de-viande-que-la-moyenne-mondiale_6175784_3244.html

Une autre manière de cultiver est possible (et souhaitable)

Des bons produits, une diversité des couleurs et des goûts ne peuvent être offerts que par un sol qui vit, qui n'est pas perturbé, et des pratiques culturales simplifiées. Adieu le motoculteur, la bonne nouvelle est que ces pratiques vous demanderont moins d'efforts physiques mais plus d'observation.

Pour commencer, analyser et préparer le sol

Une situation optimale voudrait que l'on parte d'une prairie ou d'un gazon dans votre jardin.

- Si vous avez cette chance, tondez et éliminez toutes les plantes en surface pour obtenir une surface lisse. Enlevez les racines ligneuses, les racines des herbes non désirées et compostez dans un coin de votre jardin les résidus ; une fois décomposés quelques mois plus tard, ils seront réutilisés.

- Puis creusez un trou d'une vingtaine de centimètres et observez les horizons du sol, sa contenance. Y a-t-il de la vie ? Si le sol vous paraît trop dur, trop compact, utilisez avec modération une grelinette* pour l'aérer.

- Recouvrez ensuite l'espace à cultiver d'une épaisse couche de compost, au moins 15-20 cm.

- Amendez votre sol en fonction des besoins de chaque plante : azote pour certaines, potassium et phosphore pour d'autres.

- Vous pouvez commencer à planter !

Certains jardiniers, comme l'Anglais Charles Dowding dont j'admire la pratique, ne se donnent pas la peine de décompacter* le sol. Ils disposent sur sa surface un lit de carton (sans encre) puis le recouvrent de compost. En effet, le carton empêchera les mauvaises herbes de pousser ; et le temps qu'il se décompose, les racines des végétaux nouvellement plantés occuperont l'espace disponible – cette étape d'occultation dépendra du niveau d'envahissement de votre parcelle par les herbes non désirées.

Par chance, pour l'émission « Les potagers de Julie », je suis partie d'un gazon non traité et d'un sol peu compacté. J'ai donc pu appliquer la première solution. Encore une fois, tout est une question d'observation.

Vous avez un sol hostile ? Bâchez !

Si votre parcelle est plutôt hostile, envahie d'herbes indésirables comme le rumex ou la prêle, les premières années ne seront pas les plus esthétiques car, une fois la couche de compost disposée, vous devrez la bâcher de polyéthylène. Certes, c'est laid, mais particulièrement efficace pour empêcher la croissance des adventices (les indésirables au jardin), privées de lumière. La bâche éliminera intégralement la fastidieuse tâche de désherbage. Et une fois que les plantes auront poussé, le feuillage s'étendant, l'affreuse bâche disparaîtra quasiment par magie de votre vision. Elle est utile aussi pour préserver l'humidité au sol, diminuant ainsi les arro-

sages. Eh oui, la bâche est votre amie. D'ailleurs, au Japon, en Corée et dans beaucoup d'exploitations en France – à l'exception des semis directs réalisés pour les carottes, radis, panais – toutes les cultures se font ainsi. La bâche permet un gain de temps considérable.

Vous avez un sol aride ? Décaissez !

Si votre sol est l'équivalent du Sahel, compact, vous aurez à décaisser* toute la parcelle dédiée à vos cultures sur une vingtaine de centimètres avant d'y ajouter le compost, de l'incorporer à la grelinette* et de planter. Ne jetez surtout pas la terre enlevée, ajoutez-la à votre compost et mélangez.

TIPS

Une autre possibilité est de créer une lasagne.

Pour cela, vous devez avoir à votre disposition une belle quantité de matière organique variée.

Le concept de la lasagne est d'alterner une couche sèche (autrement dit, carbone : bois, paillis, feuilles mortes, carton) et une couche humide (autrement dit, azote : fumier, tonte de gazon) et de finir par une épaisse couche de compost. Chaque fois que vous créez un niveau, arrosez abondamment. L'eau apportée permet d'humidifier le tas et d'accélérer le processus de fermentation, l'objectif étant que le tas se décompose pour créer une matière organique riche et fertile.

Vous avez un sol bétonné ? Installez un bac !

Dernier cas possible : vous avez sous les pieds une surface bétonnée. Ce n'est pas un souci, munissez-vous d'une perceuse-visseuse pour construire un bac de culture.

Remplissez ce bac soit d'une lasagne (comme expliqué précédemment), soit de compost.

Les bacs que j'ai installés devant ma maison ne contiennent rien d'autre que du compost de déchets verts* et les plantes s'y plaisent merveilleusement – un compost acheté en jardinerie aurait parfaitement pu fonctionner !

Nourrir le sol, cet écosystème

Pour vous nourrir, le sol doit lui aussi être nourri, protégé, au contact de la diversité et jamais laissé nu – j'ai presque l'air de parler d'un enfant !

Votre sol doit accueillir un écosystème actif peuplé d'insectes, de bactéries, de champignons. Car il existe bel et bien tout un monde sous vos pieds dont l'équilibre permettra la bonne croissance de vos plantes.

Et vive les vers de terre !

Un sol sans vers de terre est un sol sans vie, sans matière organique. En effet, les vers de terre ingèrent la matière du sol dont ils changent la composition chimique une fois digérée ; en creusant des galeries pour se nourrir, ils aèrent le sol et leurs excréments, appelés « turricules », sont de l'or noir. Autrement dit, les vers de terre travaillent à votre place, alors laissez-les, voire invitez-les, en cessant de labourer et retourner le sol ; ne le travaillez pas !

Donnez-lui un coup de pouce !

Une autre règle est de nourrir votre sol, de l'amender, ce qui est une manière de lui restituer une part de ce qu'on lui a pris après l'avoir cultivé. Mais qu'est-ce que cela signifie ?

Tout simplement qu'on va améliorer notre sol pour le rendre plus fertile grâce à des matières riches en minéraux dont il raffole comme :

- l'azote, qui aide les plantes à pousser et à développer leur feuillage ;
- le phosphore, qui permet l'apparition des fleurs* et donc par la suite de fruits* (vos légumes) ;
- le potassium, qui favorise la fructification.

L'amendement dépendra de la culture en place : par exemple, les tomates raffolent de l'azote mais ce n'est pas le cas des haricots ou des pois ; le phosphore et le potassium sont utiles à la fructification des aubergines mais nuisibles au chou kale qui ne développerait pas assez son feuillage, que justement on consomme ; il est inutile aussi pour les salades ou les radis.

Où trouver ces minéraux ?

Azote : fumier de cheval décomposé, engrais naturel à base d'algues, de cornes séchées ou de sang d'animaux, tonte de gazon compostée
Phosphore/potassium : Patentkali (engrais minéral vendu dans le commerce), coquilles d'œufs broyées, cendre de bois
Carbone : paille, foin, résidus végétaux, Bois Raméal Fragmenté, compost

Donnez-lui du compost !

D'une manière générale, chaque année à l'automne et/ou au début du printemps, apportez une nouvelle couche de compost, sans l'incorporer. Laissez faire les racines des végétaux, elles sauront parfaitement trouver leur chemin. Ce sont elles et les différents organismes vivants qui aéreront le sol.

Arroser : les 4 commandements

La plante pompe l'eau et ses minéraux présents dans le sol grâce à ses racines et radicelles* ; ce flux tiré est la **sève brute**, à la différence de la **sève élaborée** qui, elle, résulte de la transformation de la sève brute en sucres et amidons par le processus de **photosynthèse**.

Ce terme désigne la capacité qu'ont les plantes à créer de l'énergie, du sucre, à partir de lumière et d'eau pour croître. La photosynthèse possède aussi la vertu de capter le dioxyde de carbone, ce fameux CO_2 étroitement lié à l'évolution du changement climatique, et de le transformer en oxygène O_2.

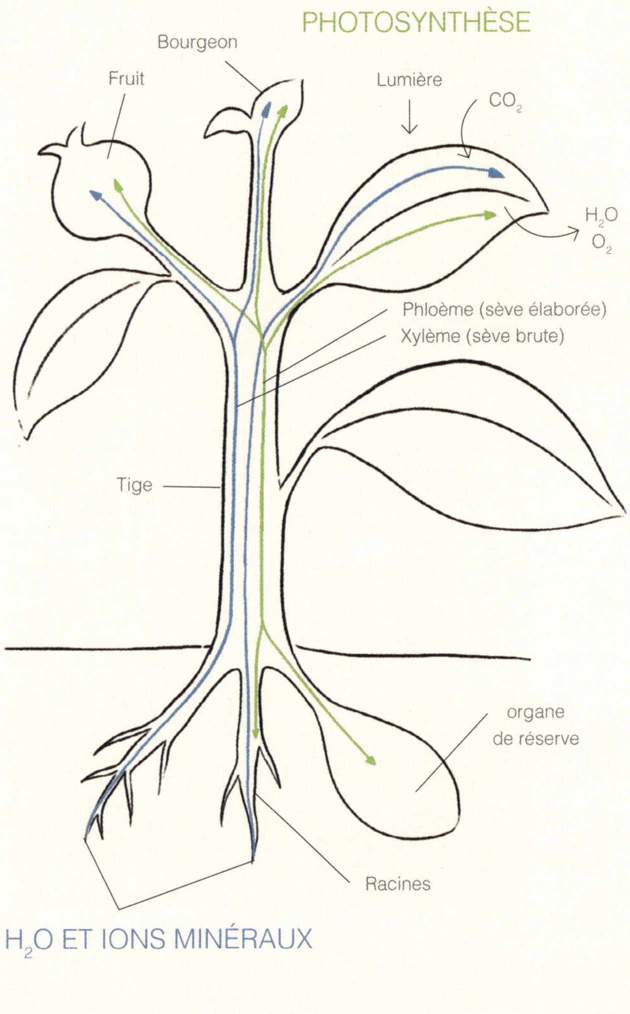

Commandement n° 1 : à n'importe quelle heure tu n'arroseras pas !

Privilégiez un arrosage le matin et en fin d'après-midi, lorsque les stomates, ces petits trous dans les feuilles invisibles à l'œil nu, s'ouvrent pour permettre à la plante de réguler sa transpiration. Car oui, comme vous, la plante transpire de l'eau (et de l'oxygène) et se régule – ce qui peut s'observer aux aurores avec l'humide brume de la rosée.

Arroser en plein soleil est une mauvaise idée : d'une part cela peut brûler vos plantes, d'autre part cela privilégie l'évaporation de l'eau.

Commandement n° 2 : les racines tu arroseras.

Eh oui, c'est avant tout par le sol que la plante se nourrit.

À l'image de vos pieds enfermés trop longtemps dans une botte en plastique qui apporterait des mycoses, l'humidité stagnante n'est pas l'amie des plantes puisqu'elle apporte des maladies fongiques. L'humidité est favorable au développement et à la propagation des spores. Seules quelques plantes apprécient d'avoir le feuillage mouillé, comme le concombre ou le haricot. D'autres, peu sensibles aux maladies, s'en fichent, comme les poivrons et piments. Pour les légumes racines (radis, carottes, panais, pommes de terre), la question ne se pose même pas.

Votre meilleur allié dans tous les cas, sauf pour les cultures des légumes racines, sera le goutte-à-goutte qui diffuse l'eau directement au sol au pied des plantes et donc aux racines.

Commandement n° 3 : ton sol tu couvriras.

Couvrir le sol par une bâche ou un paillage de copeaux, de paille – ou toute autre forme de résidus organiques qui empêchent le sol d'être nu – évite aux rayons du soleil de l'attaquer, de l'assécher, tout en préservant un maximum d'humidité au sol. Ainsi, plus de protection garantit une diminution de l'évaporation de l'eau au sol et donc moins d'arrosage.

Commandement n° 4 : avec modération tu arroseras.

Généralement, bien que cela dépende de votre météo, il suffit d'arroser 2 ou 3 fois par semaine.

Pour mesurer la quantité d'eau à apporter, rien de plus simple : il suffit de planter son doigt dans le sol. S'il ne s'enfonce pas, c'est que le sol est ultra-compact et donc non cultivable.

L'humidité n'a pas besoin d'être particulièrement ressentie en surface puisque les racines s'enfoncent en profondeur. Aussi, il est tout à fait inutile d'arroser quotidiennement, car si votre sol est vivant, occupé par des racines et insectes, il aura une meilleure capacité à la retenir.

Enfin, trop arroser revient à diminuer le goût des fruits de vos plantes. Il vaut mieux qu'elles luttent un peu, que leurs racines aillent chercher au plus loin les minéraux. Cela vous évitera une tomate ou un melon fade.

TIPS

Récupérer l'eau de pluie

Si vous avez la place, l'eau se faisant de plus en plus rare, installez un ou plusieurs conteneurs opaques au pied de vos gouttières pour récupérer l'eau de pluie. D'une part, c'est plus écologique et d'autre part, cela vous coûtera moins cher que l'eau de ville. Enfin, cela vous sauvera lors des périodes de sécheresse de plus en plus fréquentes.

Alterner et associer

La rotation des cultures est une pratique censée permettre une meilleure fertilité du sol et empêcher la reproduction des ravageurs. Elle est d'ailleurs une des règles inscrites au cahier des charges du label biologique.

Mais faire cette rotation des cultures nécessite la mise en place d'une planification parcelle par parcelle, qui peut s'avérer être un vrai casse-tête… Quelques principes :

1. Il est primordial de dessiner votre jardin ou de l'organiser à l'écrit pour en avoir **un suivi année après année**. Je vous rassure, nul besoin de manier le crayon comme Van Gogh – voyez mon plan page 28. En effet, certaines cultures sont dites plus épuisantes pour le sol, en raison de ce qu'elles y prélèvent pour se nourrir. Par exemple, l'aubergine a besoin d'un sol riche en azote pour se développer, contrairement à la fève qui ne le supporte pas, ses racines ayant la capacité de le stocker.
2. **Deux cultures d'une même famille ne se succèdent pas :** on ne cultivera donc pas un melon après une courge, ni une carotte après un fenouil.
3. **Ne pas cultiver deux fois au même endroit la même culture.**

Cependant, de plus en plus de jardiniers remettent en question ces principes, à l'image de l'Anglais Charles Dowding ou du Coréen Youngsang Cho. L'un comme l'autre préfèrent prendre exemple sur la nature : ainsi, le fruit d'une plante, contenant ses graines nécessaires à sa reproduction, tombe toujours près de la plante mère. En conséquence, la plante se reproduit au même endroit… et cela n'a jamais été un problème.

Il me semble que ce principe de rotation des cultures s'applique surtout à des sols qui ont été particulièrement épuisés, travaillés et qui sont donc plus sensibles au développement de maladies. C'est surtout le cas à une plus grande échelle que votre jardin, dans une exploitation agricole.

Dans un sol vivant et riche en matières organiques, où les associations de plantes sont la norme – comme dans la nature ! – les maladies sont moins présentes.

Libre à vous d'essayer ; pour ma part, j'observe encore pour en avoir le cœur net, mais cette observation au jardin demande plusieurs années.

À mon sens, la seule règle finalement qui importe

réellement est de savoir associer les cultures. En effet, certaines ne sont pas compatibles ensemble en raison des éléments chimiques que leurs racines libèrent dans le sol – ce qu'on appelle l'effet allélopathique. Il convient donc d'apprendre les besoins qu'a chaque plante pour se nourrir, notamment en azote.

Exemples d'associations à privilégier ou à éviter !

Par exemple, le maïs et la courge s'entraident, tout comme l'oignon qui repoussera certains ravageurs de la carotte. Par contre, la tomate amatrice d'azote ne poussera pas à côté du haricot puisque l'azote nuirait à celui-ci.
- Les amateurs d'azote : tomate, aubergine, melon, courge.
- Les légumes qui n'ont pas besoin d'azote : oignon, betterave, chou, navet, salade.
- Les légumes captant l'azote : haricot, fève, pois.

En haut : le potager de Julie Andrieu au début de l'émission ; en bas : le potager deux ans après

Ma palette de goûts et de couleurs...

Est-ce qu'il existe une tomate noire ? Et pourquoi un haricot ne serait-il pas violet ? Ma quête a commencé pour choisir et élever des variétés de légumes et fruits colorées, parfois atypiques ou simplement oubliées. Mon attente finale étant de retrouver des variations, des soupçons, une intonation, bref toutes les facettes qui définissent le goût.

Si les fleurs ont des couleurs pour attirer les pollinisateurs, je suis convaincue que les légumes, les plantes en ont pour attirer les mangeurs. Oui, c'est certain, le plaisir des yeux incite à plonger sa fourchette dans son assiette, c'est pourquoi je vous présente dans ce livre une sélection de quelques trésors. Soit une palette végétale du violet, ma couleur fétiche, au rouge explosif des tomates en passant par des jaunes, des orange et de multiples variations de vert. À l'image d'un tableau, les possibilités sont infinies !

Le saviez-vous ?

Saviez-vous que les plantes perçoivent les couleurs ? Certes, elles n'ont pas de système nerveux, de cerveau, ni d'yeux comme nous, mais à leur manière elles savent distinguer des couleurs fondamentales à leur croissance, grâce à des photorécepteurs.

Attardons-nous sur le vert, la couleur du vivant.

Ce pigment est présent dans les feuilles et les tiges. Il est signe de vitalité, d'une bonne réception de la lumière. D'ailleurs, une plante qui n'en reçoit pas assez blanchit, à l'image des endives ou des chicorées qui poussent dans l'obscurité.

Le vert du feuillage est le signal que les photorécepteurs déclenchent le processus de photosynthèse (voir page 22). La lumière est un facteur essentiel : quelques secondes d'exposition suffisent à la plante pour capter une information et adapter son comportement. Elle module ainsi sa croissance, son cycle de vie et son orientation, la manière dont elle se positionne pour mieux la réceptionner.

+ Lumière et rayons ultraviolets

La lumière émise par le Soleil est composée de rayons ultraviolets (UV) et infrarouges (IR), qui vont activer les photorécepteurs sensibles à ces deux couleurs.

- La première couleur est le bleu (UV), la plus basse et aux ondes les plus courtes. Le bleu active des récepteurs chez la plante pour lui indiquer comment s'orienter et ainsi mieux capter la lumière, ce que Darwin a nommé le ***phototropisme****. La sensibilité au bleu s'opère particulièrement au sommet de la plante, son apex.*

- La seconde couleur est le rouge (IR) dont l'onde lumineuse est plus longue et permet à la plante de mesurer la quantité de lumière reçue, ce qu'on appelle le ***photopériodisme****. Ainsi, la plante évalue la longueur des nuits dont elle reconnaît l'apparition à sa lumière plus basse, proche d'un rouge lointain tel un soleil qui se couche. Plus les nuits s'allongent, moins elle reçoit de lumière rouge forte comme celle du jour. Elle comprend que la saison est bientôt finie et qu'il est temps d'initier la phase finale de son cycle de vie par la floraison. Le rouge déclenche les différentes étapes de la vie de la plante : sa germination, sa croissance, sa floraison, sa fructification.*

N'y a-t-il pas ici une certaine notion du temps, une sorte de métronome rythmé par les couleurs ?

Photo ci-contre : poivron California Wonder

Plans de mon jardin pour vous donner des idées d'associations

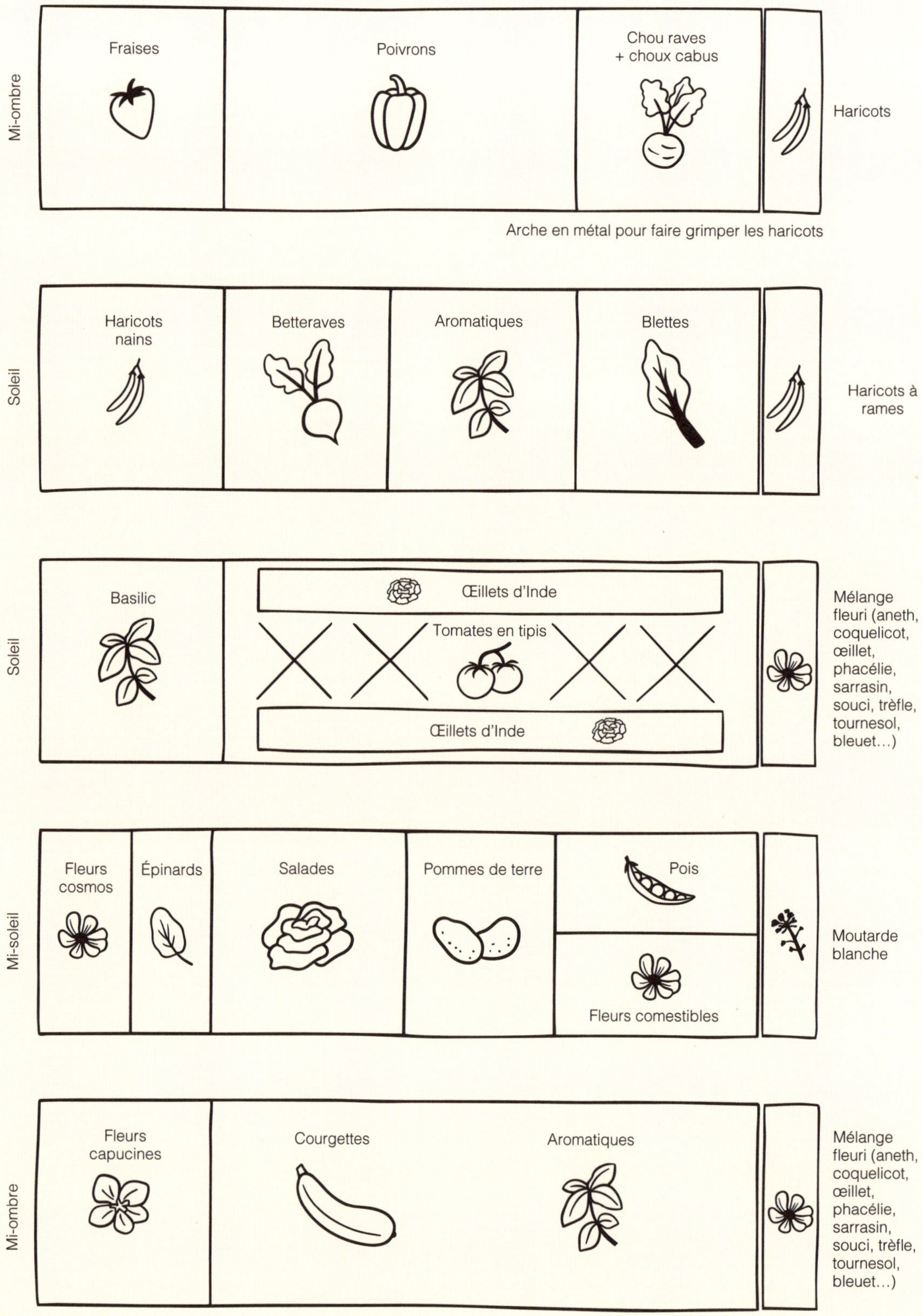

Mi-ombre
Fraises
Betteraves
Jeunes pousses
Betteraves chiogga
+ blanches d'Égypte
+ crapaudines
Aubergines
asiatiques
Edamames
sur structure grillagée
Fleurs
Arche en métal pour faire grimper les cultures
Soleil
Tomates cerises +
Tomatillos
Shiso pourpre et de
Corée
Zone aromatique
Artichauts
Tournesol
Soleil
Carottes
Basilic
Tomates
Citronnier
Mi-soleil
Butternuts, Courges, Maïs
Structure
grillagée
Melons
Mi-ombre
Concombres
Structure
tipi métal
Épinards
Poireaux

Faire ses semis, ou comment préparer ses plants

Plutôt que de les acheter, et si vous réalisiez vos propres semis ?

Certes, élever ses propres plants requiert de la place et du matériel, mais c'est un plaisir indéfinissable que de voir évoluer le vivant, de la graine à la plante (Voir page 180, Où trouver ses graines ?). Je crois aussi qu'observer ses plantes pendant qu'elles grandissent procure une forme d'attachement et un apprentissage permettant de reconnaître la plante qui sera la plus vaillante et donc propice à nous nourrir.

Il est possible, bien sûr, d'acheter ses plants en jardinerie, à condition qu'ils soient biologiques, mais sachez qu'ils seront presque toujours issus de semences hybrides F1*. Vous aurez moins de choix et il est certain que vous trouverez peu des variétés présentées dans ce livre.

Les semis directs

La carotte, le radis, le panais, la moutarde et tous les légumes qui se consomment sous forme de jeunes pousses se sèment directement dans le sol.

D'autres peuvent se semer directement ou requièrent la préparation de leurs plants (expliquée juste après) comme les navets, la coriandre, les fleurs.

La méthode de semis dépend de la taille de la surface cultivée :

- En jardinière ou dans un petit espace, vous n'aurez besoin que de vos mains pour disperser les graines dans un sillon préalablement tracé.

- Si la surface est plus importante et/ou que vous souhaitez semer plusieurs rangs à la fois, munissez-vous d'un semoir manuel, de préférence en acier galvanisé et dont vous pourrez choisir le nombre de rangs. C'est un outil simple à utiliser : remplissez le réservoir de graines puis poussez le semoir sans soubresauts afin que le semis soit homogène.

- Pour les jeunes pousses, les fleurs, les moutardes, vous pouvez réaliser ce semis à la volée : enfermez dans une main entrouverte une poignée de graines et balancez le bras de manière circulaire, de sorte à projeter les graines au sol en couvrant correctement la surface. Si vous craignez de ne pas maîtriser ce geste ancestral – c'est ainsi qu'on semait les céréales autrefois – répartissez une fine couche de sable sur l'espace à cultiver ; les graines étant d'une couleur plus foncée que le sable, vous pourrez constater leur répartition et la corriger si besoin.

Les 28 légumes et plantes que vous découvrirez dans ce livre ont été classés par ordre de plantation selon un climat tempéré.

Il appartient à chacun de s'adapter à son environnement et son terroir ainsi qu'aux besoins de chaque végétaux !

Un faux semis

Pour s'assurer d'un lit de semence propre, dans lequel vos semis s'épanouiront sans être perturbés par la pousse d'herbes indésirables, vous pouvez, trois semaines avant l'opération, réaliser un faux semis. Cela consiste à préparer la terre comme si vous alliez semer immédiatement : enlevez les résidus apparents et souterrains, passez un coup de râteau pour uniformiser votre zone de culture puis arrosez régulièrement. Quelques jours plus tard, les graines des plantes indésirables qui sont stockées dans le sol vont germer. Il vous suffira de passer le sarcloir ou la houe pour les ôter du sol et ainsi obtenir un lit de semence prêt à accueillir vos cultures.

La préparation de plants

Élever ses plants sera nécessaire pour toutes les autres plantes non citées précédemment comme les tomates, aubergines, choux, oignons, courgettes...

Avant de se lancer dans la préparation de ses propres plants, encore faut-il que les bonnes conditions soient réunies, à savoir :

Un plant de salade

Un plant de courgette

- Un espace lumineux : ça fonctionne près d'une fenêtre, à condition de déplacer très régulièrement les plaques alvéolées* ou les godets* afin que la lumière se propage sur l'ensemble des plantules*. Si vos plants ne sont en contact qu'avec une seule orientation lumineuse, ils ne pousseront que vers celle-ci et ils fileront – « filer » désigne l'allongement anormal de la tige de la plante ; le plant ayant trop cherché la lumière, il s'étire et ne développe pas assez ses autres organes. Il en résulte un plant faible dont la survie et le bon développement sont peu probables.

TIPS

Une surface dédiée

L'idéal est d'avoir une pépinière, qui peut être une microserre en polycarbonate ou en verre, ou un tunnel en polyéthylène que l'on trouve aujourd'hui facilement et bon marché sur les sites de reventes entre particuliers sur Internet.

- Le bon support : soit une table horticole ou tout autre support que vous pourrez arroser abondamment. L'avantage de la table horticole est qu'elle peut être inondée, ce qui permet à vos plants d'être bassinés, c'est-à-dire d'être arrosés par les racines – ce qui est beaucoup plus naturel pour une plante qu'un arrosage par le haut qui peut entraîner une pourriture des semis ou le déplacement des graines tout juste semées dans une terrine.

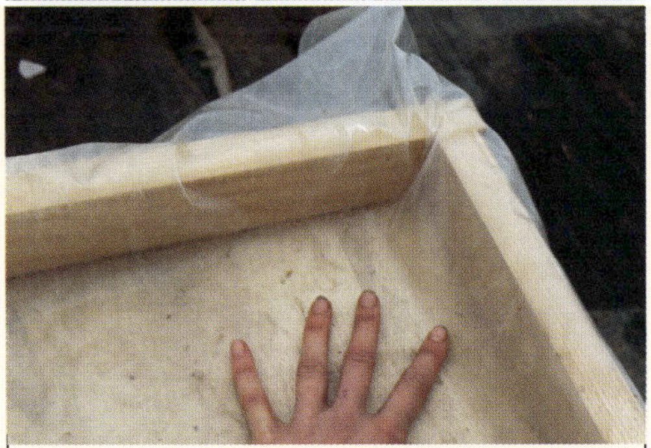

TIPS

DIY : la table horticole

- Empilez quelques palettes et assemblez-y des planches en bois, l'objectif étant d'obtenir une table avec des rebords.
- Protégez le fond d'une matière isolante comme une bâche en plastique. Laid mais efficace.

- Une bonne température : c'est l'élément essentiel à la bonne croissance d'une plante. Avoir un abri où poussent ses plants, c'est garantir une répartition équitable de la lumière et un meilleur contrôle de la température. Cet aspect est d'autant plus important quand commence, dès février, le grand ballet de la préparation des plants et que les températures négatives menacent encore ; une bonne gelée peut tuer vos plants en seulement une nuit. Outre les gelées, chaque plante a un seuil de température qui nuit à sa croissance et en dessous duquel elle arrête tout simplement de croître : le zéro végétatif ou zéro de végétation. À l'opposé du zéro végétatif, chaque plante a une température optimale de croissance dont on cherche à se rapprocher lors du semis.

Température et croissance

Pour les concombres et les courges, il ne faut pas moins de 15 °C.
Pour les tomates, aubergines, melons, 12 °C.
Pour les piments, poivrons et courgettes, 8 °C.
Pour les betteraves, maïs, blettes et choux, 6 °C.
Enfin pour les salades, 3 °C.

TIPS

DIY : la nappe chauffante*

Pour mettre toutes les chances de votre côté, achetez une nappe chauffante (on en trouve aujourd'hui facilement sur Internet). Autrement, les plus bricoleurs créeront cette nappe en disposant sur leur table à semis une couche de panneau en polystyrène, une couche de sable de 3 cm et des câbles chauffants avant de recouvrir d'une autre couche de sable. Le sable va répartir uniformément la chaleur apportée par les câbles.

- Le bon matériel : trois choix s'offrent à vous.

1. Le premier est celui des **plaques alvéolées*** qui comptent entre 50 et 128 cellules en plastique. En toute logique, plus une plaque a de cellules, plus ces dernières sont petites. Veillez à choisir des plateaux en plastique rigide, autrement vous les abîmerez à la vitesse de l'éclair. Pour bassiner vos plants et empêcher la sécheresse des racines, il faudra également acheter des plateaux de la même dimension.

Bon à savoir

À chaque légume, sa taille de cellule :
50 : tomates, aubergines, poivrons, piments
72 : choux, blettes, haricots, maïs, navets
128 : laitues, oignons, basilics
En revanche, pour toutes les Cucurbitacées (melons, courges, concombres et courgettes), j'utilise plutôt des godets*, ces petits pots en plastique d'un diamètre de 7 à 11 cm.
Ces contenants vous permettront aussi de repiquer certaines plantules comme les tomates ou les choux pour développer davantage la croissance de leurs racines.

2. Le deuxième choix est plus économique mais son opération plus longue : il s'agit de **la motteuse*** qui, comme son nom l'indique, fabrique des mottes, ces petits blocs de terre prêts à accueillir vos graines. À titre d'exemple, dans une caisse mesurant 50 x 30 cm, avec une motteuse de 30 alvéoles, j'obtiens 180 mottes. Retrouvez juste après comment faire une motte.

3. Enfin, **les terrines***. Ces petits bacs vous serviront à semer tous les légumes que vous repiquerez ensuite en plaque, motte ou godet une fois que la plantule* aura germé. C'est le cas des tomates, poivrons, piments, aubergines, qui sont semés en rang dans ces contenants. Mais aussi de toutes les plantes dont les graines sont minuscules et difficiles à manipuler comme celles des fleurs ou du basilic. Dans ce cas, les graines sont semées aléatoirement afin de recouvrir la surface de ce récipient.

En haut : une motteuse ; en bas : mes godets et terrine

TIPS

DIY : la terrine

Fabriquez vos propres terrines en recyclant des barquettes alimentaires dont vous percerez le fond.

Justement, comment préparer une motte* ?

Et si je vous disais que c'est la fabrication du pâté de sable mais pour adulte ?

Il vous faut un bac qui puisse accueillir la taille de la motteuse. On m'a ingénieusement conseillé d'utiliser une plâtrière, qui s'achète dans n'importe quel magasin de bricolage.

1. Versez dans ce bac du terreau auquel vous incorporez de l'eau.

2. Retroussez-vous les manches, vous allez malaxer de la terre. Je vous assure qu'il y a un côté jouissif à mélanger cette gadoue. Toutefois, ne trempez pas trop le mélange, car vous viendrez ensuite presser la motteuse dans le bac. Le terreau s'imprègne dans les alvéoles. Tassez-le bien avec vos mains.

3. Puis pressez la poignée en soulevant la motteuse. Les blocs de terre – s'ils ne sont pas trop humidifiés, n'est-ce pas ? – vont tenir.

4. Posez la motteuse au sol, dans une caisse, et relâchez la poignée. Vous obtiendrez des blocs qui se tiennent parfaitement.

Attention, ce semis en motte ne s'applique pas aux Solanacées (tomate, poivron) et Fabacées (pois, haricot) qui ont besoin de plus d'espace afin que leurs racines plongent et tentent donc de repousser les limites du godet*. D'autant plus que ces plantes sont gourmandes en terreau.

En utilisant une motteuse disposant de 4 alvéoles plus larges, on peut réaliser ses semis de Cucurbitacées (courge, courgette, concombre).

Bon à savoir

Plus une graine est grosse, plus on l'enfonce profondément. Généralement, de l'ordre de 2 à 3 fois la taille de la graine.
D'autres graines ont besoin de lumière pour germer et seront recouvertes de vermiculite* et non de terreau : les laitues, la plupart des fleurs, la sarriette et le romarin.

Le rouleau à quadrillage pour ne plus jamais avoir à sortir un mètre et un cordeau

Enfin, planter

Vos plants ont été correctement élevés, il est temps d'organiser leur disposition au sol.

Pour vous aider à trouver leur bonne destination, il est utile de tracer les rangs sur vos zones de culture.

- **Un cordeau** vous servira à visualiser le rang, mais j'avoue que son utilisation m'horripile compte tenu du temps perdu à s'emmêler avec ce fil qu'il faut ensuite rembobiner.

Vous devrez ensuite disposer au sol **un mètre** qui vous indiquera le bon espacement à respecter.

- Sinon, vous pouvez utiliser **un râteau de plantation**, aussi appelé « râteau maraîcher », de 80 cm de largeur, en plaçant des bouts de tuyau en plastique sur les dents qui correspondent aux intervalles désirés. Puis quadrillez la planche de culture en passant une fois le râteau.

- Enfin, ultime solution pour ceux qui, comme moi, n'ont absolument pas un esprit mathématique et s'emmêlent souvent les pinceaux face au mètre ; il reste cet outil magique mais si lourd : **le rouleau à quadrillage**.

Pour acheter ses outils, je recommande d'aller voir sur Internet !

En tapant dans votre barre de recherche les noms des outils cités dans ce livre vous les trouverez facilement. Le choix y est beaucoup plus vaste que dans les jardineries, qui offrent toujours les mêmes grandes marques et leurs outils en plastique.

Mieux vaut privilégier l'artisanat.

Mes fournisseurs préférés :
https://kupferspuren.at/fr/ —> pour leurs outils artisanaux en bois et cuivre, une matière qui ne rouille pas
https://www.triangle-outillage.fr/ —> pour trouver le rouleau à quadrillage et les plaques à semis de la ferme Neversink Farm, les bâches et tous les autres outils utiles
https://www.jardiniste.fr/ —> pour les outils japonais
https://www.taillanderie.fr/ —> pour la grelinette
https://www.terrateck.com/ —> pour le râteau du maraîcher

1 la truelle pour planter
2 le plantoir pour planter plus en profondeur
3 ma pince japonaise pour désherber. Elle s'agrippe à la tige de la mauvaise herbe que je tire sans la briser, pour la déterrer avec ses racines
4 mon couteau japonais « hori hori », un outil multifonctionnel pour désherber, trancher, planter
5 mon sécateur japonais

TIPS

Si possible, placez les plants en quinconce, cela permet de gagner de l'espace et, avouons-le, c'est particulièrement esthétique.
Pour déterminer la distance entre les plants, estimez la taille du légume au stade où il sera récolté. L'objectif étant de créer une canopée qui apporte de l'humidité au sol.

Ci-dessus :
1 la griffe pour casser les mottes et obtenir un sol meuble
2 le sarcloir oscillant pour désherber debout sans se fatiguer
3 la grelinette pour aérer le sol sans le retourner
4 le râteau standard
5 le râteau du maraîcher pour ratisser mais aussi pour faire des marquages au sol

Betterave
Beta vulgaris

Courgette
Cucurbita pepo

Carotte
Daucus carotta

Radis
Raphanus sativus L

Oignon
Allium cepa L.

Edamame
Glycine max

Tomate
Solanum lycopersicum L

Courge
Cucurbita maxima

Aubergine
Solanum melongena

Concombre
Cucumis sativa

Melon
Cucumis melo

Haricot
Phaseolus vulgaris

Fève
Vicia faba

Blette
Beta vulgaris

Poivron
Capsicum annuum

Maïs
Zea mays

Les légumes

Radis

Raphanus sativus L.

MES VARIÉTÉS PRÉFÉRÉES

Daïkon (Wakayama, Mino Early)	blanc, gros et grand
Watermelon/Red Meat	blanc, rosé et rond, taille moyenne
De Gournay	violet, long, taille moyenne
Flamboyant	rose et blanc, petit et rond
Hélios	jaune, petit et rond
Écarlate	rouge et petit

FICHE TECHNIQUE

Semis
Toute l'année (sauf en hiver, pour les petits radis ronds). Daïkon : mi-juillet à septembre

Récolte	1 mois après semis
Exposition	Mi-ombre et soleil
Température minimale	8 °C au sol
Température optimale	15-20 °C

Espacement à la plantation
Petits radis ronds : 20 cm entre les rangs et 10 cm sur le rang. Red Meat : 20 cm en tous sens. Daïkon : 30 cm en tous sens

Radis Watermelon et Daïkon →

Radis

Raphanus sativus L.

S'il y a bien une plante avec laquelle on peut s'initier à la culture du potager, c'est le radis. Cultivé sur votre balcon ou au jardin, le radis sera votre porte d'entrée idéale pour une première observation botanique – à savoir, comment croît ce que vous mangez.

En haut : de Gournay ; en bas : le radis Red Meat aussi appelé « Watermelon »

Un légume pas si banal

Contrairement aux idées reçues, il n'a rien de banal et n'est pas le légume des pauvres, comme pourrait le laisser entendre l'expression « ne pas avoir un radis ».

Ses couleurs sont infiniment variées, entre le blanc ivoirien des japonais **Daïkon**, le violet du **de Gournay**, la chair incroyablement rosée du **Red Meat** (qui rappelle à s'y méprendre celle d'une pastèque) ou encore le traditionnel français **Flamboyant** blanc et rose. Je pourrais étendre cette palette végétale quasiment à l'infini…

Histoire

Le radis est un légume assez récent en Europe. Sa culture a pris de l'importance à partir du XIIIe siècle tandis que nos amis asiatiques les dégustaient depuis 1100 av. J.-C.

En Occident, nous le consommons plutôt cru pour son piquant, contrairement aux lointaines contrées qui préfèrent le cuire, le bouillir comme un navet ou le lactofermenter pour en faire un kimchi.

Plantation et culture

Il n'y a rien de plus facile à cultiver car le radis s'adapte à tous les sols, tous les contenants, et son implantation au jardin comme au balcon est simplissime ; quant à son entretien, il est quasi inexistant.

La période culturale ainsi que l'espacement nécessaire à sa croissance vont dépendre de la taille de la variété choisie.

S'ils sont petits – comme le jaune **Hélios** ou le rouge **Écarlate** –, ils pourront être semés toute l'année, même s'il est préférable, dans les régions rencontrant des périodes de gel, d'éviter de s'y atteler durant l'hiver. Leur petite taille permet de les rapprocher sur le rang, en conservant un espacement de 10 cm et de 20 cm entre chaque ligne semée. Ils présentent aussi l'avantage de pouvoir être intercalés à d'autres cultures un peu partout dans le jardin. D'une manière générale, le radis est un bon voisin : il peut pousser auprès de tous, à l'exception des espèces appartenant à sa famille, les Brassicacées, comme le chou, la moutarde ou encore des courges et courgettes qui risqueraient de le recouvrir de leur feuillage.

Concernant les plus gros et grands radis – comme les variétés japonaises appartenant au groupe **Daïkon** dont le géant **Wakayama** ou le **Mino Early**, ou encore le **Red Meat** – respectez un espacement plus important, de 20 à 30 cm en tous sens, car leur calibre est plus important. Ils sont plutôt consommés en automne et en hiver car ils ne supporteraient pas la chaleur, qui les ferait immédiatement monter en graine et abîmerait leur racine.

TIPS

Des alvéoles pour une meilleure levée

Concernant les Red Meat et Daïkon, il est aussi possible de les semer en plaque alvéolée à raison de 2 graines par alvéole pour garantir une meilleure levée et sélection des plants, mais cela n'est en rien obligatoire.*

Entretien des plants

Pour entretenir vos cultures, deux règles :

- un arrosage régulier pour éviter que le goût des radis ne soit trop piquant ;

- une protection par un voile anti-insectes pour prémunir toute attaque de l'altise*, qui pourraient grignoter son feuillage et ainsi nuire à la photosynthèse nécessaire à sa croissance. Moins indispensable pour les citadins qui les feront pousser sur leur balcon !

Récolte et conservation

Elle se fait au fur et à mesure de vos besoins. Néanmoins, les plus petits calibres apprécieront une récolte plus rapide que les plus gros. Le **Red Meat** est prêt quand sa circonférence atteint 10 cm tandis que les **Daïkon** peuvent atteindre jusqu'à 30 cm ! D'ailleurs, quand j'arrache ces derniers à la terre, j'ai parfois l'impression de tirer une épée de son fourreau. Excalibur, me voici !

N'hésitez pas à vous aider d'une fourche bêche* pour éviter d'abîmer la racine.

Les **Daïkon** pourront se conserver jusqu'à deux mois en local sec et aéré, à condition qu'ils soient enveloppés d'un peu de terre et que les fanes soient coupées pour éviter toute pourriture.

Betterave

Beta vulgaris

MES VARIÉTÉS PRÉFÉRÉES

Gold Rush	jaune
Crapaudine	bordeaux et allongée
Rouge d'Égypte	rouge
Blanche Albino	blanche
Chiogga	rosée, bicolore

FICHE TECHNIQUE

Semis	Mars à juin
Plantation	5 semaines après semis
Espacement à la plantation 25-30 cm entre les rangs ; 15 cm sur le rang	
Récolte	Juin à octobre
Exposition	Mi-ombre à soleil
Température minimale	8 °C au sol
Température optimale	10-25 °C

Jeunes plants de betterave Crapaudine →

Betterave

Beta vulgaris

En haut : les tiges de la Chioggia ;
en bas : la betterave rouge d'Égypte ;
ci-contre : la betterave rouge d'Égypte

Il y a betterave et betterave. Il faut différencier les potagères, dont il est ici question, des sucrières (bien plus grosses et utilisées dans l'industrie du sucre) et des fourragères (qui nourrissent le bétail).

Elle a tout pour plaire... excepté pour moi !

La betterave est un légume robuste qui peut assurer une survie alimentaire quand les saisons hostiles ne permettent plus de cultiver une grande diversité. Pour autant, si mon palais accepte ses feuilles comestibles en jeunes pousses pour leur goût subtil, délicat et leur croquant, pour sa rave* c'est un tout autre combat ! Cette aversion est sûrement liée à un traumatisme d'enfance, du temps où je la mangeais à la cantine sous forme de cube mollasson et insipide. Depuis, le travail des chefs m'a permis d'apprécier son côté sucré une fois cuite au four par exemple, alors que je déteste toujours son goût terreux quand elle se déguste crue. Je la consomme parfois lactofermentée comme dans le bortsch, cette soupe d'Europe de l'Est.

Impossible de ne pas s'extasier devant ses profondes couleurs et ses formes étonnantes. Elle peut être jaune comme la **Gold Rush**, allongée et d'un vif bordeaux rappelant la vigne chez la **Crapaudine** ou la **Rouge d'Égypte**, d'un blanc virginal pour la **Blanche Albino**, voire rosée et bicolore comme l'italienne **Chioggia** (qui se prononce Ki-oggia et non Chi-o-ggia). À observer les longues tiges striées de blanc des betteraves potagères, il serait presque possible de les confondre avec de la rhubarbe...

La Blanche d'Albino

Le saviez-vous ?

Les anneaux plus foncés de la betterave Chioggia représentent chaque cycle lunaire passé. N'est-ce pas poétique ?

La Chioggia

Histoire

Tout comme la blette, dont elle partage un ancêtre commun, la betterave est originaire du bassin mésopotamien, quelque part entre la Méditerranée et la Syrie, mais elle se mange aujourd'hui un peu partout dans le monde. Elle est très appréciée dans les pays froids car bien qu'elle se récolte au printemps et en hiver, si elle est stockée dans les bonnes conditions, elle peut se manger toute l'année.

Plantation et culture

La betterave n'est pas très exigeante en matière de composition du sol, en revanche elle réclame qu'il soit ameubli, souple, pour que ses racines puissent le pénétrer, et frais (gardant l'humidité).

Pour la cultiver, deux possibilités :

- un semis direct en rangs espacés de 25-30 cm, qu'il faudra éclaircir* quand les plants atteindront le stade de 2 ou 3 feuilles, afin d'en laisser un seulement tous les 10 cm. Mais cette option ne garantit pas une levée optimale et demande un arrosage précautionneux jusqu'à cette étape.

La Gold Rush

TIPS

Pour des betteraves riches en sucrosité

Arrosez-les surtout les premières semaines qui suivent la plantation puis cessez. La suite dépendra de votre sol et de la météo ! Tout est question d'observation mais rappelez-vous : la betterave est une plante résistante une fois correctement implantée.

Un semis en plaque alvéolée* à préparer un mois et demi avant la plantation. Cette option est une valeur sûre ! Vous sèmerez un glomérule* – un mot laid qui désigne une capsule contenant plusieurs graines. Avec 3 glomérules, vous obtiendrez plusieurs plants mais n'en conserverez que 3 ou 4 par alvéole. La plantation de chaque motte contenant un groupe de plants est à effectuer à 30 cm en tous sens. Ce mode de plantation, contrairement au semis direct, permet d'être plus inventif dans le design de votre jardin : plantation triangulaire en quinconce ou intercalée au milieu d'autres cultures comme l'oignon ou le radis.

Si, comme moi, vous préférez les manger en jeunes pousses pour agrémenter vos salades, réalisez un semis dense. Éclaircissez légèrement par la suite en veillant à laisser un espace restreint entre chaque plant : manquant ainsi de place, la rave ne se développe pas. Et les jeunes feuilles se récoltent au bout de trois à quatre semaines.

Récolte et conservation

La récolte s'effectue selon vos besoins car la betterave peut tout à fait rester plusieurs mois dans le sol. Les chefs les préfèrent jeunes, petites comme une balle de golf, leur goût est alors plus concentré.

Pour les stocker durant le trimestre suivant, attendez que les rave aient bien grossi pour les récolter. Conservez un peu de terre sur les raves, supprimez le feuillage, qui entraînerait un pourrissement, et stockez-les à l'abri de la lumière dans un endroit frais et sec, enveloppées dans un sachet en kraft ou en silo (cagette ou tout autre réceptacle clos et rempli de sable) si votre récolte est abondante.

Bon à savoir

La betterave est utilisée en tant que colorant rouge. Soyez précautionneux lors de sa récolte, de son épluchage et utilisation en cuisine car elle tache tout ce qu'elle touche.

Oignon

Allium cepa L.

MES VARIÉTÉS PRÉFÉRÉES

Rouge de Florence	rouge, long et courbé
Red Barron	rouge et rond
Ishikura (ciboule japonaise)	petit bulbe, long fût blanc et vert

FICHE TECHNIQUE

Semis	Fin février à avril, août et septembre
Plantation	Avril à juin
Espacement à la plantation 25 cm entre les rangs 10-15 cm sur le rang	
Récolte	Juillet à septembre
Exposition	Soleil
Température minimale	5 °C
Température optimale	15 à 20 °C

Les jeunes plants d'oignons en plaque alvéolée →

Oignon

Allium cepa L.

En haut : mix de Rouge de Florence et Red Baron ;
en bas : à la plantation, Olga me regarde disposer
les plants de Red Baron

Impossible ici de ne pas rendre un hommage à mon père, dont l'oignon est l'un des meilleurs alliés ! Enfant, sa grand-mère lui conseillait de manger ce superaliment, ultime protecteur de notre bonne santé !

Un aliment santé

Je n'ai jamais connu un plat chez mon père sans oignons (ex æquo toutefois avec l'ail !). Je me souviens aussi des bottes d'oignons saillantes et gigantesques que nous achetions l'été au marché de Saint-Antonin-Noble-Val.

L'oignon rouge est particulièrement apprécié pour sa saveur douce et sucrée mais aussi pour sa palette qui tire du violet au rose.

Vous pourrez choisir l'italien **Rouge de Florence**, avec sa forme longue et courbée, ou le rond **Red Baron** dont je n'arrive malheureusement pas à déterminer l'origine exacte : américaine ? hollandaise ? L'une ou l'autre probablement, car ces pays excellent dans la culture de l'oignon.

Histoire

L'oignon rouge est un ingrédient typique de la Méditerranée, bien qu'on le retrouve aux États-Unis, en Europe et en Asie – avec la ciboule japonaise **Ishikura** qui se cultive comme un jeune poireau, avec son bulbe réduit et son fût plus long. Selon la méthode nippone, pour obtenir un tel fût, il suffit de bien décompacter* son terrain sur 20 cm à l'aide de la grelinette* pour obtenir une terre souple. Les plus courageux décaisseront, ce qui consiste à extraire 20 cm de sol à l'aide d'une pelle. C'est beaucoup d'efforts que l'on peut remplacer par un buttage*, en ramenant de la terre au plus près des plants au fur et à mesure de leur croissance afin de créer un monticule les protégeant.

Plantation et culture

Pour démarrer sa culture, relativement simple à conduire, vous pouvez préparer vos plants, à raison de 3-4 graines par motte* ou petit godet*, et les bichonner pendant un mois et demi. Si vous vous sentez plus fainéant, vous trouverez en jardinerie ou sur Internet des bulbilles* (très jeunes bulbes d'oignons) prêtes à être plantées sur-le-champ.

Mettez un plant ou bulbille tous les 10-15 cm en lignes espacées de 25-30 cm, et vous aurez un sacré rang d'oignons !

L'oignon demande une terre humide et décompactée*, c'est-à-dire souple et plus malléable – attention, surtout pas de fumier avant sa culture ; très riche en azote, il attire les pucerons. Chez moi, mon sol étant limoneux-argileux et plutôt compact, je plante les oignons sur une couche de 10 cm de compost de déchets verts que je veille à arroser – la composition de ce compost étant plus carbonée (plus de matière sèche), il a tendance à s'assécher plus vite.

TIPS

À la mode asiatique

Le seul reproche que je puisse faire à l'oignon, c'est qu'il m'esquinte le dos quand je dois en planter sur 25 m dans mes jardins. Si votre souplesse vous le permet, adoptez une position accroupie, le dos droit, et travaillez entre vos jambes. C'est une posture typiquement asiatique, eh oui, c'est presque du yoga !

Entretien des plants

L'oignon demande un arrosage modéré et espacé ; avec un peu de chance, la pluie suffira, alors surveillez la météo. En cas d'absence de pluie, ce qui arrive de plus en plus avec le changement climatique, arrosez deux fois par semaine.

Récolte et conservation

Le bulbe se récolte quand son feuillage est vert et comestible pour le **Rouge de Florence** et la ciboule **Ishikura**, ou à maturité quand les feuilles jaunissent et tombent pour le **Red Baron**. Ce dernier se conserve plus longtemps que son confrère italien, à condition de le laisser sécher plusieurs jours au soleil après l'avoir sorti du sol.

Pour les conserver, disposez-les dans un endroit frais et sec, à plat dans une cagette, sans les superposer pour éviter le pourrissement.

Laitue & Chicorée

Lactuca sativa & Cichorium intybus

MES VARIÉTÉS PRÉFÉRÉES

Chicorée	
Radicchios	rouge, rose
Rouge de Vérone	rouge, rose
Rouge de Trévise	rouge, rose
Laitue	
Lollo Rossa	pourpre et frisée à couper
Merveille des 4 saisons	rosée, verte et lisse
Reine des glaces	verte, pommée
Laitue romaine	verte et blanche, oblongue

FICHE TECHNIQUE

Semis
Mi-février à septembre pour la laitue (à éviter lors des fortes chaleurs de l'été), mi-juin à mi-septembre pour la chicorée

Plantation 4 à 6 semaines après le semis

Espacement à la plantation
25-30 cm en tous sens

Récolte
1 mois et demi après la plantation pour la laitue, septembre à novembre pour la chicorée

Exposition Mi-ombre à soleil

Température minimale 5-10 °C

Température optimale 10-25 °C

La chicorée Rouge de Vérone →

Laitue et chicorée

Lactuca sativa
& Cichorium intybus

En haut : la rouge Red Salad Bowl, la rosée Merveille des 4 saisons et la verte Battavia Goutte de Sang encerclées par des oignons ; en bas : le rosé de la Merveille des 4 saisons

Les laitues et chicorées offrent de grandes possibilités pour habiller nos jardins. D'autant plus qu'elles sont, comme le radis, des plantes accessibles aux débutants et que la laitue se cultive presque toute l'année !

Un choix gigantesque !

La « salade » est un terme culinaire, mais elle ne désigne en rien une plante. Parmi nos salades se trouvent une multitude d'espèces… dont la laitue et la chicorée.

Elles offrent une palette de couleurs et de formes multiples. Les italiennes **Radicchios** comme les variétés **Rouge de Vérone** ou **Rouge de Trévise**, qui appartiennent aux chicorées, m'impressionnent avec leur superposition de feuilles rose-pourpre à la nervure centrale d'un blanc éclatant. Les formes des laitues varient encore davantage, entre la pourpre frisée à couper **Red Salad Bowl**, la verte rosée et lisse **Merveille des 4 saisons**, la verte pommée **Reine des glaces**, la **Laitue romaine** et sa forme oblongue, etc. Elles se consomment crues en salade ou grillées avec de l'huile d'olive, seules ou assemblées de multiples variétés pour former un mesclun.

Histoire

Laitue et chicorée sont cueillies depuis fort longtemps ; on retrouve ainsi des représentations de la salade datant de - 4500 ans av. J.-C. sur les tombes égyptiennes et des traces de la chicorée depuis l'Antiquité. Il faut remercier les Italiens d'avoir domestiqué ces verdures à notre goût puis d'avoir permis leur importation en France.

Plantation et culture

La laitue supporte un large spectre de températures mais a ses limites : en dessous de 4 °C elle gèle et au-dessus de 25 °C, elle monte en graine. Quand les nuits sont encore fraîches au printemps ou en automne, elle doit être protégée d'un voile d'hivernage.

À l'inverse, la chicorée apprécie particulièrement le froid, qui adoucit sa saveur, la colore de son spectre rouge et lui apporte son côté croquant. Elle se sème en fin d'été afin que sa pomme puisse correctement se former avant les gelées. Raison pour laquelle on la retrouve surtout à l'automne et en hiver.

Leur semis est relativement simple : elles se sèment en plaque alvéolée* à raison d'une graine par emplacement. Les graines de laitue ont besoin de lumière pour germer, il ne faut donc pas les recouvrir de terreau mais de vermiculite* ou de perlite*. Pour faciliter leur levée et maintenir un terreau humide, recouvrez la plaque d'un papier journal ou d'une plaque en verre ou Plexiglas, mais seulement les premiers jours.

D'une culture ultra-rapide, leur plantule* sort de terre au bout d'une semaine et se plante trois semaines plus tard au jardin. Si vous les plantez en quinconce, vous dessinerez un jardin particulièrement esthétique.

TIPS

Anti-insectes

Une laitue attaquée par des pucerons va sécréter des substances chimiques pour les repousser, mais vous pouvez protéger vos cultures d'un filet anti-insectes pour éviter toute attaque.

Récolte et conservation

La récolte des laitues s'opère soit feuille par feuille, selon les besoins – ce qui prolonge sa durée – ou entièrement pour la chicorée, en passant un couteau au niveau de son collet*.

Contrairement à la laitue, la chicorée peut se conserver un bon mois après la récolte, dans un abri frais ne dépassant pas les 10 °C.

TIPS

Des graines pour l'année prochaine

Il est possible de conserver ses graines de laitue. Pour cela, laissez monter un plant en graine. Quand la fleur jaunit et s'assèche, coupez-la et suspendez-la tête en bas afin d'en récolter les graines quelques semaines plus tard.

Navet

Brassica rapa

MES VARIÉTÉS PRÉFÉRÉES

Milan	blanc, rosé et aplati
Boule d'or	jaune et rond
Tokyo	blanc
Kabu Hidabeni	rouge-bordeaux

FICHE TECHNIQUE

Semis	Début du printemps et fin d'été
Plantation	6 semaines après le semis
Récolte	2-3 mois après le semis
Exposition	Mi-ombre à soleil
Température optimale	7-30 °C

Espacement à la plantation
20-25 cm entre les rangs
10-15 cm sur le rang

Mes premiers navets japonais Hidabeni et Tokyo Market →

Navet

Brassica Rapa

Ceci est un plaidoyer pour le navet ! Trop souvent, quand j'évoque ce légume, toute forme d'excitation s'efface soudain des visages. Et si vous regardiez le navet d'un nouvel œil ?

En haut : ce ne sont pas des betteraves mais bien des navets Hidabeni ;
en bas : les navets de Tokyo

Fade, le navet ?

Il faut dire qu'en français le navet est associé à ce qu'il y a de plus nul ; il désigne un film médiocre (un nanar) ou encore la lâcheté, avec l'expression « avoir du sang de navet ». Pire, au XVIe siècle, on l'appelait « le légume des pauvres ». Peu glorieux… Alors, fade le navet ? C'est mal connaître ce légume !

Quand j'entends « navet », je suis immédiatement projetée dans la cuisine de mon père. En effet, sa spécialité est une recette inspirée par le canard aux navets de Paul Bocuse… Canard que mon père remplace… par un poulet, dont la chair est plus tendre. Il utilise des navets blanc rosé et aplatis comme la variété de **Milan** dont le goût est sucré. Le jaune **Boule d'or** ferait également l'affaire pour apporter une touche d'amertume.

Personnellement, j'apprécie le navet cru, râpé en salade, pour son côté piquant, ou cuit en pot-au-feu. Les variétés que j'affectionne particulièrement sont japonaises, car elles produisent des légumes plus tendres et sucrés, comme le **navet de Tokyo** et son blanc pur ou encore le **Kabu** (« navet » en nippon) **Hidabeni** pour sa couleur rouge bordeaux atypique, qu'il conserve à la cuisson. Avouez que vous n'aviez jamais vu un navet se faire passer pour une betterave !

> ***Le saviez-vous ?***
> ***Ce sont les fanes, et non la rave*, qui contiennent le plus de vitamines et minéraux. Le chef Bruno Verjus les utilise mixées et réduites en jus. Rien ne se perd dans le navet.***

Histoire

Nous avons peu d'informations sur l'origine exacte du navet, hormis qu'il a évolué dans des régions tempérées comme l'Europe centrale et l'Asie. S'il est certain que sa consommation remonte à plus de deux mille ans, il était à l'origine cultivé, comme le colza, pour être transformé en huile, ou comme nourriture pour le bétail. Depuis le début de notre siècle, il est mal aimé comme le rutabaga, son cousin issu de la même famille botanique. Sont-ils trop marqués ? En effet, pendant les guerres ils ont sauvé des pays de la famine.

Plantation et culture

Privilégiez sa mise en terre au début du printemps et de l'automne car il déteste le gel et exècre la sécheresse de l'été, qui le fait monter en graine.

Le navet n'est pas un légume très exigeant mais il apprécie que le sol soit bien décompacté* afin que sa rave* s'épanouisse et grossisse en toute tranquillité. Amendez de quelques centimètres de compost pour favoriser sa pousse.

Entretien des plants

L'arrosage doit être régulier, sans quoi le navet risque de devenir fibreux et difficilement comestible.

Lors de la croissance, quand vos plants ont 2 feuilles, il est temps d'éclaircir* le rang en laissant un plant tous les 3-5 cm.

Enfin, pensez à protéger vos navets d'un voile : d'une part pour lutter contre le froid en début de saison, mais aussi pour repousser toute attaque d'insectes comme la mouche ou l'altise*.

Récolte et conservation

Le navet se récolte environ deux ou trois mois après le semis dès que son diamètre atteint 10 cm.

Pour le conserver environ deux semaines, ôtez-lui ses fanes et placez-le dans un endroit frais ou au réfrigérateur.

Il est particulièrement doux, goûtu s'il est récolté jeune et cela évite aussi de l'éplucher pour le cuisiner. Plus vous patienterez pour le récolter, plus sa rave deviendra fibreuse et sa peau s'épaissira.

Cette boule de saveurs se consomme aussi bien crue finement râpée ou tranchée, avec un peu de sauce soja par exemple, ou mélangée en salade pour son côté relevé. Cuit dans un bouillon il s'attendrit, alors qu'il garde son côté croquant s'il est cuit à la poêle. Quant à ses grandes fanes, ne les jetez pas ! Tout comme celles des radis, vous pouvez les faire sauter avec un peu de beurre et d'ail ou les inclure dans une soupe. Elles se dégustent comme des épinards. Si leur goût ne vous convient pas, laissez-les se décomposer sur le sol de votre jardin, elles auront le mérite de l'alimenter.

Fève

Vicia faba

MES VARIÉTÉS PRÉFÉRÉES

Reina Morena	violet éclatant
Aquadulce	verte
Red Epicure	rosée

FICHE TECHNIQUE

Semis	Mars à avril
Espacement à la plantation 50 cm entre les rangs, 10 cm sur le rang	
Récolte	Mai et juin
Exposition	Soleil à mi-ombre
Température minimale	8 °C
Température optimale	20 °C

Les fèves Aquadulce et des pois Taichung →

Fève

Vicia faba

En haut : les fèves Reina Morena s'épanouissent près de la ciboule Ishikura ; en bas : les graines violettes de la Reina Morena

La fève est l'amie des apprentis jardiniers tant elle est facile à cultiver. Comme c'est une grande voyageuse, il existe une multitude de variétés aux graines multicolores, soyez original !

Une multitude de variétés

Les fruits de cette espèce issue de la famille des Fabacées se présentent sous forme d'une longue gousse dont on va ôter les graines : les fameuses fèves.

En la récoltant jeune, on peut envisager de manger la gousse avant que son enveloppe ne durcisse. Mais, en général, ce sont surtout les fèves que l'on consomme, cuites ou crues, pour leur goût légèrement noisette. Personnellement, j'aime les cuire avant de les réduire en purée, comme une sorte de houmous. Pensez bien à enlever de la graine son enveloppe, appelée « tégument ».

J'aime l'espagnole **Reina Morena** pour son violet éclatant, mais vous pourriez choisir la verte et plus classique **Aquadulce**, ou encore l'anglaise rosée **Red Epicure**.

Histoire

La prochaine fois que vous mangerez une fève, souvenez-vous qu'il s'agit d'un légume dont l'origine prouvée remonte… au Néolithique, c'est-à-dire aux origines historiques de l'agriculture.

Pendant de nombreuses années, la fève a été la base de notre alimentation végétale, et ce dans le monde entier, avant d'être remplacée par son cousin le haricot. Elle était qualifiée de « viande du pauvre » pour sa richesse en protéines.

Plantation et culture

D'une certaine façon, la fève marque le départ du printemps car c'est un des tout premiers légumes à être planté en extérieur. Elle est peu exigeante en chaleur puisque 8 °C sont suffisants à sa germination. Sa résistance aux faibles températures permet de la semer à l'automne mais faites-le avant que les gelées n'arrivent, elles risqueraient de l'achever.

Ses seules exigences sont un apport de compost avant le semis, histoire qu'elle se nourrisse un peu, puis un petit effort physique de votre part : il faut utiliser la grelinette* pour décompacter* le sol afin qu'elle s'enracine correctement.

Petit bonus ! Sa méthode de culture est presque une mnémotechnique : on sème en ligne une graine à 5 cm de profondeur tous les 5 cm en espaçant chaque rang de 50 cm. La profondeur du semis est importante car les oiseaux sont particulièrement friands de ces graines. Si vous voulez qu'elle se tienne bien droite, sans lutter pour porter ses longues gousses, semez-la en groupes de 3-4 graines tous les 10 cm. Vous pouvez aussi préparer vos plants en semant 3 graines par godet*. Et les planter deux semaines après germination.

TIPS

Anti-pucerons

La fève est réputée pour attirer les pucerons, mais elle résiste avec vigueur à leurs attaques. Associez-la à l'aneth : ces ravageurs l'appréciant tout autant, cela pourrait faire diversion et diminuer leur présence.

Entretien des plants

À taille adulte, sa hauteur atteint les 40 à 100 cm et elle se tient plutôt bien sans tuteur. Toutefois, si cela s'avère nécessaire, il suffit de créer une structure quadrillée soutenue par deux bambous avec du grillage à poule.

Récolte et conservation

La récolte s'opère dès que les gousses sont charnues. Chaque graine mesure alors environ 5 cm.

Vous pouvez conserver les fèves sèches en bocal hermétique pour en profiter toute l'année. Elles vous éviteront aussi de racheter des graines.

Haricot

Phaseolus vulgaris

MES VARIÉTÉS PRÉFÉRÉES

Blauhilde	violet
Borlotto	vert
Niébé	blanc
Coco	graines blanches aux taches roses, en grains
Ying Yang	blanc et noir, en grains
Alaric de Tarbes	blanc, en grains

FICHE TECHNIQUE

Semis
Avril-juillet à mi-septembre (selon les régions)

Espacement
Semis en poquet* 10-15 cm sur le rang, en rangs espacés de 60 cm ; ou semis graine par graine 7 cm sur le rang

Récolte	2 à 3 mois plus tard
Exposition	Soleil à mi-ombre
Température minimale	Le jour, 15 °C ; la nuit, 10 °C
Température optimale	20 à 25 °C

Le haricot à rames Blauhilde →

Haricot

Phaseolus vulgaris

En haut : Les graines de Yin Yang ;
en bas : le violet sans filtre des Blauhilde

Phaseolus Vugarisssss...
Vous ne trouvez pas que les noms latins résonnent parfois comme un sort que l'on jette, façon Harry Potter ?

Magique, le haricot ?

Ôtez-vous immédiatement de la tête l'image du haricot vert, souvent fade et mou, qu'on retrouve en boîte de conserve ! Ici, j'aimerais vous présenter mon légume fétiche : le haricot violet **Blauhilde**. C'est le tout premier produit que j'ai vendu aux restaurants parisiens. Le violet étant ma couleur préférée, j'ai de toute évidence une affection particulière pour cette plante au feuillage dense et d'un vert profond qui contraste le tout. **Blauhilde** est Tchécoslovaque, c'est vous dire comme le haricot a voyagé, et c'est une variété mange-tout, c'est-à-dire que la gousse aussi est comestible, contrairement à une variété dite « à écosser » dont seuls les grains se mangent. **Blauhilde** est aussi une variété « à rames », ce qui signifie que la plante va grimper, et même très haut – souvenez-vous du conte Jack et son Haricot Magique. **Blauhilde** peut mesurer jusqu'à 3 m, donc comme toutes les variétés à rames, elle va avoir besoin d'un support pour grimper. Le haricot va s'enrouler à tout ce qu'il va trouver, alors soyez imaginatif dans vos créations !

Les graines de Blauhilde

Histoire

Originaire de Cuba et des Amériques, le haricot se retrouve aujourd'hui dans presque toutes les cuisines du monde. De l'italien rose **Borlotto** au **Niébé** blanc venu d'Afrique, c'est le légume qui a le plus de variétés différentes ! D'ailleurs, les graines de haricot sont mes préférées car elles ont une multitude de formes et de couleurs, comme les taches roses du **Coco** ou les blanches et noires du **Yin Yang**. Sublime !

Le rose et blanc des Cocos

Plantation et culture

Le haricot a besoin d'une terre réchauffée (entre 10 et 12 degrés) pour germer et se développer, il est donc important de vérifier que les gelées ne soient plus à craindre quand vous le semez. Traditionnellement, on dit que cette période se situe autour des Saints de glace : saint Mamert, saint Pancrace et saint Servais sont tous les trois célébrés dans la religion catholique entre le 11 et le 13 mai. Ces observations météorologiques datant du Moyen Âge, vous comprendrez aisément que ces dates sont rarement les bonnes et qu'elles diffèrent d'un territoire à l'autre. Et puis, avec le changement climatique, je me demande vraiment comment ce marqueur temporel pourrait être encore d'actualité… Observez plutôt votre thermomètre, l'idéal étant d'en avoir un de sol.

Un jeune plant de Blauhilde révélant ses couleurs

En semant en ligne une graine tous les 7 cm dans un sillon de 3 cm préalablement arrosé, vous obtiendrez un mur végétal et nourricier. Certains trempent les graines pendant vingt-quatre heures dans une eau à température ambiante… Quoi que vous fassiez, le sol doit être humide, réchauffé, riche en matière organique mais peu nourri. Évitez donc un apport azoté comme le fumier d'animaux ou les fientes de poules (le guano*), mais vous pouvez opter pour un peu de potassium qui favorisera le développement des fleurs et des gousses avec les granules de l'engrais minéral Patentkali.

Vous pouvez aussi semer en poquet*, en groupe de 3-4 graines, au pied de chaque bambou d'une structure en tipi ; cette structure qui se monte rapidement est à la portée de tous : plantez 3 bambous dans le sol à 30 cm de distance chacun. Nouez ensemble ces cannes au sommet par de la ficelle, de la jute biodégradable par exemple. Pour que le haricot puisse grimper, cherchez à créer un quadrillage : reliez chaque poteau par de la ficelle ou des branches, à intervalles réguliers.

Enfin, pour garantir une parfaite germination, vous pouvez aussi préparer les plants six à huit semaines avant la plantation au jardin. Plantez à 3 cm de profondeur, dans du terreau préalablement humidifié, un poquet de 3 graines dans un petit pot de 5 cm environ.

Arrosez régulièrement au pied des plants ainsi que le feuillage jusqu'à la floraison et la formation des gousses.

Bon à savoir

Si vous êtes effrayé à l'idée de monter une structure, rassurez-vous, il existe l'option du haricot nain violet *Purple Teepee*. ***Avec 40 à 50 cm de hauteur au maximum, il n'a pas forcément besoin de tuteur, plantez juste un petit bâton de bambou à ses côtés pour permettre à la plante chargée en haricots de s'appuyer dessus.***

TIPS

Bio et pratique

Le haricot peut aussi grimper sur une structure grillagée, réutilisable chaque année, mais qui demandera plus de main-d'œuvre pour arracher les cultures en fin de saison. C'est vraiment une tâche à considérer, tant la plante s'accroche incroyablement bien. Personnellement, j'opte pour l'option du filet quadrillé en jute biodégradable que l'on peut composter avec les résidus de culture.

Récolte et conservation

Comme tous les haricots mange-tout, récoltez le **Blauhilde** jeune, quand il est encore tendre. À maturité, il faut récolter tous les trois jours pour obtenir cette texture ; au-delà, il acquiert toutefois un côté croquant qui le rend agréable à manger cru, en salade. Car, malheureusement, je dois vous annoncer une triste nouvelle : sa merveilleuse robe violette disparaît à la cuisson pour laisser place au vert... Néanmoins, il y a de la magie dans cette transformation !

À partir de cent jours, on obtient un haricot sec, tout à fait consommable, comme tous les haricots, sous condition de longue cuisson. L'intérêt d'un haricot sec réside aussi dans sa faculté à se conserver longtemps. Un avantage non négligeable pour s'en nourrir hors saison.

Toutefois, en matière de goût, d'autres variétés que le **Blauhilde** se prêteront mieux à cet exercice, comme l'**Alaric de Tarbes** qu'on mijote en cassoulet.

Autrement, on peut judicieusement conserver les graines de haricot dans une enveloppe ou un sachet, au sec et à l'abri de la lumière, pour les ressemer l'année suivante.

+

Tout ce que vous avez toujours voulu savoir sur l'azote

Au sujet de la fin de culture, j'ai longtemps cru, comme de nombreux jardiniers, que les plantes de la famille des Fabacées, dont fait partie le haricot, avaient la capacité de stocker et de retransmettre dans le sol un maximum d'azote grâce à des petites nodules blanches accrochées aux racines. Ces petites boules sont visibles à l'œil nu, je vous invite à les observer en déterrant une de vos plantes après un mois et demi de croissance environ.*

Plus il y en a de couleur rosée, plus la plante a réalisé un travail effectif de stockage, signe de croissance et bonne santé.

J'ai souvent lu et appris auprès des agriculteurs que ce « frigo d'azote » permettait de nourrir le sol, une fois les résidus de la plante décomposés et incorporés à ce dernier. Or de nombreuses études scientifiques prouvent le contraire. L'azote capté et stocké dans ces nodules est utilisé en grande partie au stade de floraison de la plante puis à la formation de ses fruits – en ce qui concerne le haricot, il s'agit des graines que contiennent les gousses. Cet azote est ensuite transformé, à l'intérieur des graines, en acide aminé ; c'est cette conversion chimique qui produit le nutriment qu'est la protéine, cette source bénéfique à notre alimentation.

In fine, à la fin du cycle de vie d'une Fabacée, il ne reste pas vraiment d'azote disponible pour le sol. Pour que ce soit le cas, il faut donc couper la plante et l'incorporer au sol au moment où elle fleurit, et à la bonne saison (c'est-à-dire sans pluie qui entraînerait un lessivage) ; dans ce cas, son utilisation est de l'ordre d'un engrais vert et non d'une plante potagère.

https://eap.mcgill.ca/MagRack/COG/COG_E_97_02.htm
https://pubs.nmsu.edu/_a/A129/#:~ :text=In%20legumes%20and%20a%20few,a%20bacterium%20and%20a%20plant.

Edamame

Glycine max

MES VARIÉTÉS PRÉFÉRÉES

Aoyu	vert, se mange entier, gousse comprise
Green Hokkaido	vert, à écosser
Shiba	vert, à écosser

FICHE TECHNIQUE

Semis	Avril à juin
Espacement à la plantation	10 à 15 cm sur le rang, 45 à 50 cm entre les rangs
Récolte	Août et septembre
Exposition	Soleil
Température optimale	20 °C

Les velus Green Hokkaido →

Edamame

Glycine max

En haut : les Shiba Green ;
en bas : les edamame jaunissent, ils sont prêts à être récoltés

Vous le connaissez sûrement : l'edamame est à la carte des restaurants japonais, où il se mange cuit à la vapeur, avec du gros sel. Son goût oscille entre la fève et le pois avec parfois une touche subtile de noisette...

Haricot ou soja ?

Bien qu'ils fassent tous les deux partie de la famille des Fabacées et qu'ils aient une apparence commune, l'edamame n'est pas un haricot. En réalité, c'est du soja que l'on récolte quand les gousses sont encore jeunes et velues. Pour entretenir la confusion, en japonais, son nom signifie « haricot branche » tandis qu'en chinois on l'appelle *máodòu*, littéralement « soja poilu », ce qui, avouons-le, a plus de sens. Je vous rassure, vous ne vous étoufferez pas car, d'une part, les poils disparaissent légèrement à la cuisson ; d'autre part, seules quelques variétés (comme l'**Aoyu**) se mangent, gousse comprise, comme un haricot mange-tout. Mais le plus souvent il faut les écosser, comme le **Green Hokkaido** ou le **Shiba** en photo ici.

> ***Bon à savoir***
> ***Pour le déguster, je pince la gousse entre les dents puis je la tire pour en récupérer les douces graines ; cette mécanique gustative est particulièrement addictive !***

Histoire

Bien qu'il soit aujourd'hui communément nommé « edamame », ce soja a été domestiqué par les Chinois. Il a même voyagé jusqu'en Corée. Heu, domestiqué, me direz-vous ?

Oui, car de génération en génération les plantes ont été sélectionnées et reproduites par des agriculteurs pour obtenir un mutant plus adapté à notre alimentation ou plus facile à cultiver. En quelque sorte pour mieux nous nourrir, la plante s'acclimate à un terroir et change en conséquence son génome. Elle est dès lors domestiquée.

Plantation et culture

L'edamame se sème tous les 7 à 10 cm en rangs espacés de 40 à 50 cm, dans un sillon humide de 3 à 5 cm de profondeur. Le semis se fait à partir de mai, quand il fait bon mais pas trop chaud, aux alentours de 20 °C dans l'air durant la journée et 12 °C au sol.

Comme ce soja pousse principalement en Asie, il y a une petite spécificité à opérer avant le semis. Car voyez-vous, chez nous, il a besoin de se sentir comme chez lui ! C'est pourquoi vingt-quatre heures avant le semis, il faut faire tremper les graines dans un liquide contenant des bactéries, un procédé nommé « l'inoculation ». Ne soyez pas dégoûté, on ne parle pas ici de saletés, mais de bactéries appelées « rhizobium », favorisant une symbiose entre les racines de la plante et le sol. Plus généralement, toutes les bactéries, cette microflore du sol, sont à vénérer car elles participent activement à la création d'humus, notre or noir.

L'edamame a aussi besoin d'un sol riche en matière organique ; donc avant le semis, apportez une belle couche de 5 cm de compost, mais pas d'engrais ni de fumier, ce n'est pas un amateur d'azote.

L'irrigation doit être régulière et constante. Soyez particulièrement vigilant au moment de la formation des gousses car c'est à cette étape que la plante en a le plus besoin pour se développer.

Récolte et conservation

Récoltez les gousses velues quand elles sont charnues et que la peau ondule, recouvrant des fèves joufflues. Les gousses se consomment rapidement après la récolte pour maximiser leur goût et se conservent une semaine au plus au frais.

Si vous tardez à les récolter, elles jaunissent et des taches grisâtres vont apparaître.

Blette

Beta vulgaris

MES VARIÉTÉS PRÉFÉRÉES

Bright Light	multicolore : jaune, verte, blanche, rose, rouge
Red Rhubarb	rouge
Verte à larges cardes	verte

FICHE TECHNIQUE

Semis	Avril à juin
Plantation	4 semaines après le semis
Espacement à la plantation	15-30 cm
Récolte	Juillet à décembre
Exposition	Soleil à mi-ombre
Température minimale	5°
Température optimale	15-30 °C

Les veines de la Red Rhubarb →

Blette

Beta vulgaris

Les Bright Lights ; ci-contre : la classique Verte à larges cardes

Il faut distinguer la bette-épinard, ou poirée à couper, cultivée essentiellement en Italie (comme la variété Lischia Verde da Taglio **dont on mange les jeunes feuilles) et la seconde, sur laquelle je m'attarderai ici, qui porte trois noms : blette, bette ou poirée.**

Une plante qui a de la veine !

À la lumière du soleil, observez sa feuille presque translucide : la teinte de son pétiole, jaune, blanc ou rosé, diffère de celui de la feuille, laissant apparaître tout le système veineux de la plante. J'ai une admiration folle pour cette bicoloration particulièrement vive et éclatante, offrant plusieurs combinaisons avec le vert saillant du feuillage.

Les variétés portent souvent le nom de leurs couleurs, mais si vous n'arrivez pas à faire votre choix, optez pour la multicolore **Bright Light**, la rouge **Red Rhubarb** ou la plus classique **Verte à larges cardes**...

Dans le potager que j'ai créé pour l'émission de Julie Andrieu, nous les avons laissées s'épanouir jusqu'à atteindre une taille gigantesque – à la limite du monstrueux, avouons-le – ; à ce stade, il s'agit davantage d'une plante ornementale ! D'ailleurs, je vous recommande de les manger plus jeunes pour obtenir une meilleure saveur.

Histoire

Lorsque la blette s'épanouit jusqu'à monter en graine, libérant ainsi un feuillage important et une haute hampe florale, elle se pare de ses origines préhistoriques. Elle est en effet l'une des plantes les plus anciennes que l'on connaisse : elle est cultivée depuis le Paléolithique en Europe et au nord de l'Afrique.

Plantation et culture

Facile à cultiver pour être consommée en jeune pousse, la blette se sème densément directement en pleine terre, en rangs espacés de 15 cm. Il faudra éclaircir* le semis au stade de 2-3 feuilles, en laissant un espacement de 5 cm entre chaque plant. Sachant que toutes les plantules* arrachées peuvent être repiquées. Pour obtenir des blettes plus imposantes il faudra respecter un espacement de 30 cm entre chaque plant.

TIPS

Plus de blettes !

Pour être certaine d'obtenir de beaux plants vigoureux, je prépare mes semis en plaque alvéolée un mois avant leur implantation, en respectant un espace plus grand (de 30 cm) entre chaque plant.*

Julie & nos blettes géantes

Les Bright Lights

Récolte et conservation

La blette se consomme crue, en jeune pousse, ou cuite quand son feuillage est plus dense, pour agrémenter salades ou tartes. Son goût se rapproche de l'épinard, les deux font d'ailleurs partie de la même famille : les Chenopodiaccées. Comme pour la bette-épinard, ses feuilles peuvent être consommées à deux stades possibles de croissance : petites, sous forme de jeunes pousses (ce qui demande une technique culturale différente) ou larges à récolter une à une en commençant par les feuilles situées à la base de la plante.

La blette est une plante bisannuelle, c'est-à-dire qu'elle effectue plusieurs cycles de croissance sur deux ans avant de s'éteindre. L'avantage est qu'on peut donc la récolter plusieurs fois en une saison, en tranchant ses feuilles au couteau. Mais attention, elle résiste difficilement au froid de l'hiver, mieux vaut donc arracher la plante restante et renouveler son semis pour la saison suivante.

Carotte

Daucus carotta

MES VARIÉTÉS PRÉFÉRÉES

Carottes « de conservation »	
Chantenay	orange
Colmar	orange
Carottes « primeur »	
Géante de Tilques	orange, géante (30 cm de longueur)
Ronde de Paris	orange, petite (10 cm de longueur)
Nantaise	orange
Du Doubs	jaune
Küttingen	blanche
Purple Dragon	violette et orange
Atomic Red	rouge
Black Nebula	violet sombre et blanche
Rouge de Kyoto	rouge

FICHE TECHNIQUE

Semis	Mars à juin
Espacement à la plantation 5-7 cm sur le rang, 20 cm entre les rangs	
Récolte	2-3 mois après le semis
Exposition	Soleil
Température minimale	7 °C
Température optimale	15-25 °C

Une botte mixte d'Atomic Red, du Doubs, Küttingen →

Carotte

Daucus carotta

En haut : une Kyoto et une Rouge Sang ;
en bas : les fanes de carottes

De la fleur au fruit, cuite ou crue, tout se mange dans la carotte. Je ne sais pas si elle vous rendra plus aimable, mais elle devrait vous rendre plus obstiné tant il est difficile d'obtenir de belles et longues carottes.

De conservation ou primeur ?

La taille et la longueur des carottes varient selon les variétés et la saison à laquelle elles poussent.

Si l'on peut manger des carottes toute l'année c'est que certaines variétés comme la **Chantenay** ou la **Colmar**, au calibre plus important, se conservent plusieurs mois sans avoir été lavées de la terre et à l'abri de la lumière. Le plus souvent, elles sont disposées en silo* dans du sable, en les superposant par étages pour éviter qu'elles ne se touchent. Elles peuvent toutefois être récoltées à un stade plus jeune et mangées immédiatement. Ces carottes dites « de conservation » sont semées en été pour une récolte d'automne, avant que les gelées ne fissurent leur chair.

À l'inverse, les carottes dites « primeur » sont semées au printemps pour une récolte dès le début de l'été. Elles se parent de fanes verdoyantes, consommables (en pesto, en réduction…).

Mix de carottes

Le plus souvent coniques et cylindriques, les formes de la carotte peuvent vous surprendre, de la **Géante de Tilques** qui peut mesurer 30 cm à la toute petite **Ronde de Paris** avec ses 10 cm. En ce qui concerne les couleurs, c'est un véritable festival qui nous est offert. Et, contrairement à mon haricot violet, les carottes conservent leur teinte à la cuisson. Ces variations de couleur correspondent à la présence de deux colorants :

- le carotène, que vous connaissez comme complément alimentaire pour vous dorer la peau l'été, qui donne les couleurs orange de la **Nantaise**, jaune du **Doubs** ou le blanc de la **Küttingen**.

- l'anthocyane, qui offre un panel plus sombre, qui tend vers le violet comme la **Purple Dragon**, vers le rouge de **l'Atomic Red**, ou carrément vers le noir comme la **Black Nebult**.

Pourquoi ne pas semer un rang de chaque variété pour obtenir une belle botte multicolore ?

> ***Bon à savoir***
> ***Le goût sucré de la carotte varie en fonction de son taux de glucides. L'une de mes préférées en la matière est la Rouge de Kyoto.***

Histoire

La carotte proviendrait d'Europe et de son bassin méditerranéen avant d'avoir voyagé en Asie et en Amérique.

Dans le langage commun, elle est un légume racine puisque l'on mange la partie souterraine de la plante. Mais, d'un point de vue botanique, c'est plus complexe. L'organe que l'on mange est un tubercule : une racine qui a enflé en stockant toutes les réserves en glucides, en nutriments et en eau nécessaires à la plante pour son bon développement. On retrouve ce processus appelé « tubérisation » chez la pomme de terre.

Plantation et culture

Il faut l'admettre : la culture de la carotte demande une certaine rigueur.

- Premièrement, il lui faut un sol parfaitement décompacté*, souple et riche. C'est encore mieux s'il est sableux. Vous pouvez ajouter du sable pour assouplir votre sol en le mélangeant à parts égales avec du compost – sachez néanmoins que ça ne changera en rien la composition définitive de votre sol pour les prochaines années. Disons que c'est une option de secours !

Une botte d'Atomic Red

- Le second ennemi est l'enherbement*. La graine de carotte est longue à la germination, tout comme le développement du tubercule. Elle est donc souvent concurrencée lors de sa pousse par une multitude de plantes indésirables. Ne les laissez pas s'installer ! Auquel cas, vous obtiendriez une pousse irrégulière de votre semis ou des carottes peu développées. Et franchement, qu'on se le dise, désherber les carottes est pénible car les adventices apparaissent très vite quand les pousses sont encore fragiles.

TIPS

Feintez les indésirables !

Pour vous prémunir d'une première invasion, tentez la réalisation d'un faux semis : idéalement, disposez environ 10 cm de compost pour préparer votre espace de culture. Trois semaines avant de semer vos carottes, arrosez cette parcelle quotidiennement et arrachez toutes les plantes intruses. Ainsi, vous gagnerez quelques semaines de tranquillité !

Ci-contre : un câlin de carotte Purple Dragon

- Troisième point important qui rappelle l'adage « qui sème dru, récolte menu » : éclaircissez* le rang dès que vos baby carottes ont 3 ou 4 feuilles pour laisser un espace de 3-5 cm entre chaque plante. Oui, je sais qu'il est douloureux d'arracher à la vie ces petites carottes, on se dit que c'est un beau gâchis de graines. Mais c'est la seule solution pour obtenir de belles carottes non biscornues. Quoique le résultat puisse être parfois romantique…

- Enfin, arrosez vos plants les premières semaines, quitte à ce que ce soit matin et soir, pour vous assurer d'une levée homogène.

- Et parce que les ennuis ne sont pas finis, il vous faudra aussi guetter la mouche de la carotte qui adore y pondre ses œufs ! Seule solution : voiler d'un filet anti-insectes vos cultures et ce, dès le semis. Ce filet pourra être retiré au milieu de l'été, période moins propice à la ponte de ces œufs.

Avec toutes ces astuces, et en invoquant saint Fiacre, le patron des jardiniers, vous devriez obtenir de belles carottes !

Récolte et conservation

Elles se récoltent très jeunes, au format mini d'une dizaine de centimètres. Les restaurateurs en raffolent car elles demandent peu de préparation en cuisine.

Les carottes primeur sont bien croquantes et juteuses, à déguster rapidement. Ou à arracher du sol, au fur et à mesure de vos envies et besoins.

Courgette

Cucurbita pepo

MES VARIÉTÉS PRÉFÉRÉES

Verte Noire Maraîchère	verte foncée
Costates Romanesco	verte, côtelée vert clair
Gold Rush	jaune
Blanche de Trieste	blanche
Ronde de Nice	verte et ronde
Ola Escaladora	verte et grimpante

FICHE TECHNIQUE

Semis	Avril-mai
Plantation	5 à 6 semaines après le semis
Espacement à la plantation 80-100 cm sur le rang et entre les rangs	
Récolte	Juin à octobre
Exposition	Soleil
Température minimale	15 °C
Température optimale	15-25 °C

La grimpante Ola Escaladora →

Courgette

Cucurbita pepo

C'est une plante qui pousse facilement, rapidement et produit en abondance. Deux pieds suffiront pour nourrir une famille ; trois pieds et vous pourrez en distribuer aux voisins !

En haut : la buissonnante Verte Maraîchère ;
en bas : bouquet de fleurs de courgettes ;
ci-contre : la récolte des Gold Rush et Blanche de Trieste

Coureuse, la courgette ?

Comme chez de nombreuses Cucurbitacées, il faut distinguer les plantes buissonnantes*, plutôt compactes, des plantes coureuses*, qui aiment répandre leurs tiges aussi loin que possible.

Commençons par quelques exemples de courgettes cueillies sur un buisson : la classique **Verte Noire Maraîchère** ou la **Costates Romanesco**, qui orne sa parure verte de bandes côtelées plus claires le long de son fruit. La courgette se décline en effet majoritairement autour du vert, à quelques exceptions près comme la variété jaune **Gold Rush**, plus éclatante que le soleil, ou la verte marbrée **Blanche de Trieste**. Presque toutes sont de forme longiligne, à l'exception de la variété **Ronde de Nice**, parfaite à farcir.

Parmi les coureuses, j'ai une petite favorite : la **Ola Escaladora**, un incroyable spécimen grimpant qui mesure plus de 3 m de hauteur ! On peut la palisser, créer des arches de courgettes comme sous ma serre ou la suspendre à un fil. Contrairement au haricot qui s'agrippe, il faudra nouer avec de la ficelle la tige de la courgette à son support.

Histoire

Importée des Amériques au XVIIIe siècle, la courge était à l'origine très amère. Autrefois appelée « courge à moelle », la courgette en est la fière descendante. C'est grâce à l'intervention de l'homme à son arrivée en Europe qu'à force de sélections et de croisements d'espèces ce goût hostile a fini par disparaître. L'Italie a domestiqué la courgette, autrement dit a adapté cette plante à notre convenance gustative.

Au gré de multiples mutations, la peau de la courge s'est assouplie, la forme du fruit s'est rapprochée du concombre. Leur similarité explique que ces trois légumes (courges, courgettes, concombres) fassent partie de la famille des Cucurbitacées.

Plantation et culture

Qu'elles courent ou qu'elles buissonnent, il faudra leur consacrer une place importante au jardin.

Le semis de courgette est similaire à celui de son cousin le concombre et se prépare un mois avant la plantation.

Dans un godet de 5-7 cm, posez la graine à plat et recouvrez-la de terreau – l'équivalent de 3 fois la taille de la semence.

La levée est très rapide, en cinq jours à peine, tout comme la croissance de la plantule. Il est donc possible de la transférer au bout de quinze jours dans un godet d'une taille plus importante (10-12 cm), mais cette étape n'est pas indispensable.

Elle occupe beaucoup de terrain, comptez donc 1 plant tous les 80-90 cm. Plantez-les en groupe afin d'assurer une bonne pollinisation des fleurs, dans un sol riche en compost.

La courgette a besoin de chaleur, 20 °C dans l'idéal, mais point trop n'en faut au risque de cesser sa production.

L'arrosage doit être régulier, tous les deux jours, sinon la production diminuera. Un paillage permet de diminuer l'évaporation de l'eau du sol.

Bon à savoir

Au niveau goût, on ne va pas se raconter de salades : les courgettes ont quasiment toutes le même... quand elles sont cuites. En revanche, crues et ajoutées dans vos salades, vous pourrez distinguer une note sucrée, voire un goût de noisette.

Récolte et conservation

Un des avantages de la courgette est que ses fleurs sont comestibles... et appellent à la fabrication d'un beignet ! De préférence, choisissez la fleur mâle, reconnaissable par son étamine bien dressée et sa tige non renflée.

Les fleurs femelles sont tout aussi bonnes à manger, mais, puisque ce sont elles qui mutent en fruit, ce serait dommage de les supprimer, vous n'auriez plus de courgettes !

Les fleurs sont à récolter tôt le matin afin que la corolle soit bien ouverte et à déguster dans la journée avant qu'elle ne se fane.

La récolte des fruits s'opère tous les deux ou trois jours au maximum, autrement la courgette acquiert une texture fibreuse et une quantité trop élevée de graines.

Une fleur mâle

Bon à savoir

Attention à la récolte : la tige de cette plante est recouverte de petites épines, ce qui érafle rapidement les bras !

La qualité gustative de votre courgette dépend essentiellement du stade auquel elle doit être récoltée : cueillez-la encore jeune, donc forcément moins gorgée d'eau, et d'un moyen calibre. Je les propose très jeunes aux chefs avec qui je travaille, à tout juste 15 cm et encore accrochées à leur fleur ; leur chair est encore dénuée de pépins. Et je les trouve particulièrement attendrissantes sous ce format !

Les courgettes énormes que l'on trouve parfois sur les étals des marchés n'ont aucun intérêt gustatif. En revanche, à ce stade de croissance, vous pourrez récupérer les graines, les faire sécher et les ressemer l'année suivante. Sans pour autant avoir la garantie d'obtenir la même variété, puisque la courgette est allogame* : à la fécondation de ses fleurs, elle peut tout à fait être pollinisée par une variété voisine.

Une fleur femelle

Tomate

Solanum lycopersicum L.

MES VARIÉTÉS PRÉFÉRÉES

Sergent Pepper	rouge, violette
Long Tall Sally	rouge striée
Kaki	orange
Sibérien Gold	jaune

FICHE TECHNIQUE

Semis	Février à juin
Plantation 7 à 8 semaines après le semis, hors gelée, à partir de mai selon les régions	
Espacement à la plantation 50 cm sur le rang, 80 cm entre les rangs	
Récolte	Juin à octobre
Exposition	Soleil
Température minimale	16 °C la nuit
Température optimale	20-30 °C le jour

Sergent Pepper, Kaki, Couilles de Taureau, Cornue des Andes, Ananas, Siberian Gold, Chocolate Stripes, Rose de Berne ⟶

Tomate

Solanum lycopersicum L.

En haut : quand j'égourmande mes tomates ;
en bas : tomates cerises Blush

Je suis une tomatophile, c'est-à-dire une collectionneuse passionnée de tomates. J'écris ces lignes depuis mes serres, où poussent cette année pas moins de 60 variétés différentes, à raison de 600 pieds. C'est une passion envahissante !

Sans goût, la tomate ?

Même si la tomate est composée à 94 % d'eau, ce serait pourtant se tromper que de la qualifier « sans goût ».

- Tout d'abord, son goût diffère en fonction de sa teneur en saccharose, mesurée grâce à un réfractomètre qui nous donne un indice nommé « le Brix* ». Plus le Brix est élevé, plus la teneur en sucre l'est aussi. Cette échelle me permet de classer les tomates de la plus sucrée à la plus acide, une information bien utile quand on travaille avec des chefs puisque je peux ainsi adapter ma production à leurs besoins.

Analyse Brix avec un réfractomètre
Exemples d'un classement Brix :
1 degré Brix = 1 g de saccharose pour 100 g de liquide
Green Zebra 4
Red Caviar (cerise rouge) 6
Kaki (Moyenne orange) 7
Cookie (cerise rouge) 8

- Outre cet indice de sucrosité, la tomate affirme ses nuances également par sa texture. Certaines ont une chair ferme, d'autres sont juteuses quand d'autres encore sont farineuses. Je garde ces dernières pour la confection de coulis et autres réductions puisque leur texture en bouche n'est pas ce qu'il y a de plus appréciable. Car il faut bien le reconnaître : certaines tomates n'ont absolument aucun intérêt gustatif. Notamment quand leur peau est épaisse ; malgré cela, elles auront un destin décoratif non négligeable dans vos assiettes. Au pire, vous n'aurez qu'à les noyer de condiments ou autre sauce ! J'affectionne tout particulièrement les tomates qui ont une forme irrégulièrement lisse, parfois énorme voire biscornue, ce que j'appelle un « monstre » ! De la **Cuore di Bue** (cœur de bœuf, qui désigne un calibre de tomate) à la cerise, on ne peut qu'apprécier ce charme de la difformité.

Le saviez-vous ?

La tomate est rouge grâce au lycopène, dont on retrouve le terme dans sa désignation latine ; son côté jaune orange vient de la carotène. Lycopène et carotène sont des caroténoïdes, des pigments naturels qui colorent nos végétaux.

Acheter des tomates en hiver : une hérésie !

Pitié, ôtez de ma vue les tomates rondes et uniformes des supermarchés, qui sont à mon sens l'illustration même de l'uniformisation de notre alimentation… et l'exemple du massacre agricole. Attention, je vais m'insurger, mais vous ne devez pas acheter des tomates fraîches en dehors de l'été ! Vous n'avez absolument aucune excuse, les tomates se préservent très bien en sauce, en bocal ou séchées. Cessez d'alimenter un business qui méprise les saisons pour vous livrer des tomates insipides, moches, vendues à des prix dérisoires et produites sous des serres chauffées je ne sais où dans le monde ! Trop souvent, j'entends ici et là que les tomates n'ont plus de goût. Évidemment puisque le goût d'un produit, quel qu'il soit, dépend de son terroir, donc du sol et du climat. Comment attendre quoi que ce soit d'une tomate qui a poussé hors sol ou a été produite à la chaîne en hiver en Hollande ? Ces pratiques n'ont pas de sens et dénigrent le véritable métier d'agriculteur. Je me permets aussi de vous rappeler que ces tomates sont imbibées de pesticides ; étant majoritairement composées d'eau, elles contiennent des résidus de ces substances toxiques

Des variétés que vous ne trouverez pas au supermarché

Venons-en à nos monstres, les vrais, ceux dont on est fier. Il y a une tomate que j'aime particulièrement cette saison, il s'agit de la **Sergent Pepper**. J'ai rarement vu une tomate aussi belle : déjà, par sa forme en cœur mais également par l'évolution de ses couleurs tout au long de sa maturation ; de vert, elle se teinte peu à peu de violet puis d'un rouge brut foncé, c'est absolument sublime.

Je pourrais aussi m'étendre sur l'acidité de la **Green Zebra**, sur le sucre de la cerise **Green Doctor Frosted** qui détonne avec sa couleur verte pimpante, comme un fruit qui ne serait pas mûr. Un bijou. Ou m'extasier devant le jaune orangé tirant vers le rouge de l'**Ananas** ou encore le jaune de l'**Orange Minsk**.

Une raison de plus de vous reconnecter avec les agriculteurs plutôt qu'avec les distributeurs. Une autre solution pour goûter ces merveilles... est bien sûr de les cultiver soi-même !

Fruit, ou légume ?

Il est l'heure de clôturer une bonne fois pour toutes ce débat : la tomate est-elle un fruit ou un légume ?

- Botaniquement parlant ; un fruit désigne l'organe qui se développe juste après la fleur. Le pistil – l'appareil reproducteur femelle – de la fleur se transforme, une fois fécondé par du pollen, en ovaire qui grossit et contiendra les graines nécessaires à la reproduction de la plante.

- Un légume est un terme commun pour désigner la partie comestible d'une plante.

La tomate est donc un fruit et un légume, la réponse conviendra à tous !

Histoire

La tomate fut introduite en Europe par les Espagnols puis les Italiens, pour lesquels elle est un monument sacré de leur culture gastronomique. Pourtant, sans vouloir vous décevoir, elle est originaire des Andes et, a priori, du Pérou.

Chez moi, vous ne trouverez pas de variétés industrielles, pas d'hybrides vendues par des multinationales, uniquement des variétés libres créées par des passionnés. Toutes sont reproductibles ; certaines sont fixées, ce qui veut dire que leur stabilité génétique est assurée depuis au moins sept à dix ans, d'autres sont en cours de stabilisation, mais toutes proviennent de variétés qui ont une histoire, un terroir. Je n'aime pas utiliser le terme de « variété ancienne » : ce serait limiter le choix à des tomates que nous connaissons depuis plus de 10 ans. Or l'hybridation est la pure magie de ce produit : les variétés peuvent se croiser à l'infini, il n'est d'ailleurs pas vraiment possible d'en recenser le nombre exact. La tomate est ainsi l'illustration de l'imaginaire du jardinier, se déclinant sous de nombreuses formes et couleurs.

En raison des multiples croisements de variétés, je dois reconnaître que je cultive peu de tomates françaises, mis à part la Marmande ou la Reine de Sainte Marthe. Il faudrait que m'attelle à plus de patriotisme ; mieux, que je me lance ces dix prochaines années à la création de ma propre variété. C'est un challenge à relever !

Ci-contre :
1 : Blush & Cookie
2 : Sergent Pepper en cours de maturation
3 : telle une pomme d'amour, la Sergent Pepper mûre
4 : Ananas
5 : Long Tall Sally
6 : un monstre, la beefsteak MORTGAGE LIFTER ESTLER'S
Pages suivantes : Kaki, Chocolate Stripes, Casey's Pure Yellow, Maestria, Reine de Ste Marthe et feuillage de plants de tomates

1

2

3

4

5

6

Plantation et culture

La culture de la tomate est exigeante : elle demande de l'attention mais n'est en rien difficile.

Son semis commence en terrine*, où chaque graine est disposée tous les 3 cm en rangs espacés de 5-7 cm. Une bonne semaine après la levée, on repique individuellement les plantules* dans des pots. Pour renforcer les plants et leurs racines, vous pouvez à nouveau réaliser un repiquage* deux semaines après le premier.

Les semis doivent grandir à une température constante de 16 °C au minimum au sol, raison pour laquelle j'utilise des nappes chauffantes*.

Un plant de tomate est prêt à être planté à l'apparition du premier bouquet floral. Avant de le sortir de sa pépinière, accordez-lui quelques jours dans un endroit plus frais afin qu'il s'acclimate à sa future météo.

Madame étant gourmande, préparez sa venue ! Plusieurs mois avant la plantation, nourrissez votre sol, dans l'idéal avec du fumier de cheval composté que vous laisserez se décomposer au moins trois mois ; ainsi, le sol a le temps d'assimiler les éléments et de les digérer correctement. Vous pouvez aussi utiliser des engrais naturels à base de corne ou de sang – certes, dit comme cela, c'est repoussant, mais tout comme le fumier, ils sont riches en azote, le booster ultime des plantes pour pousser.

Entretien des plants

Il faut respecter quelques règles pour les protéger.

- La première est celle de l'espacement. Comme vous, la tomate a besoin de son petit espace vital. C'est pourquoi il faut éviter que les feuilles ne se touchent afin d'assurer une bonne ventilation qui vous prémunira de toute humidité, dont la tomate a horreur et qui propagerait des maladies comme le mildiou*. N'hésitez pas également à tailler les premières tiges et branches qui toucheraient le sol. C'est aussi pour éviter les maladies que l'on évite d'arroser son feuillage, particulièrement pour les tomates poussant sous abri. De préférence, la tomate s'arrose au pied ou par un système d'irrigation goutte à goutte, sur un sol paillé ou protégé d'une bâche pour maintenir cette humidité et éviter l'évaporation de l'eau.

- La seconde règle concerne son arrosage, qui doit être régulier mais pas trop abondant, à raison de 2 ou 3 fois au maximum par semaine. S'il n'est pas régulier, vos fruits auront un « cul noir » (véridique !). Soyez particulièrement attentif jusqu'à l'apparition de plusieurs bouquets floraux qui annoncent la phase de formation des fruits, réduisez alors l'apport en eau. Le plant souffrira probablement un temps mais cela forcera les racines à aller puiser les nutriments en profondeur. Ainsi, les tomates seront plus riches en goût. Néanmoins, cette règle dépend vraiment de vos conditions climatiques. Si vous n'arrosez pas suffisamment, les fruits ne se développeront pas ou seront d'une toute petite taille.

- La troisième règle est celle du tuteurage. La nature n'est pas parfaite et la tomate ne peut supporter seule la charge entraînée par ses fruits. Imaginez-vous porter continuellement vos enfants : impossible, insoutenable ! Donc trouvez à vos tomates un tuteur, bâton ou tipi qu'importe, mais ne négligez pas la hauteur que le plant peut atteindre. Certaines variétés comme l'**Altesse** ont dépassé les 2 m sous mes serres ! Généralement, on utilise une ficelle que l'on enroule progressivement autour de la plante afin qu'elle se tienne bien droite.

- La dernière règle est sujette à débat mais à mon sens primordiale pour obtenir des fruits épanouis et d'un bon calibre. Pour ce faire, on procède à l'égourmandage*. Ce terme de jardinier désigne la coupe à l'aisselle de chaque départ des tiges de toute nouvelle tige. Si vous n'égourmandez pas vos plants, vous obtiendrez rapidement une sorte de buisson, certes comestible mais à l'apparence sauvage. Cela permet aussi d'aider la plante à se concentrer sur la pousse spécifique de fruits, disons qu'elle s'éparpillera moins.

Récolte et conservation

C'est grâce à la tomate que j'ai pu accéder aux cuisines des restaurants – certaines sont aujourd'hui transformées par de grands chefs. On peut dire que grâce à la tomate j'ai la tête dans les étoiles !

+ Reproduisez et conservez vos graines de tomate !

Un geste d'utilité publique car vous contribuerez à la conservation d'un patrimoine gustatif en voie de disparition. D'autant plus que le procédé est vraiment simple : il suffit de garder les graines avec un peu de pulpe dans un récipient à l'air libre. Au bout de quelques jours, une fine pellicule blanche va se former, signe que la fermentation fonctionne. Rincez ensuite les graines dans un tamis puis laissez-les sécher quelques jours. Vous pourrez les conserver plusieurs années au sec et à l'abri de la lumière. Créez ainsi votre trésor en collectionnant les tomates que vous préférez ! À l'occasion de l'émission « Les potagers de Julie », j'ai eu la chance de me voir confier une incroyable collection. Nancy Bureau, si vous lisez un jour ces lignes, merci infiniment. Parmi les 75 variétés que vous aviez méticuleusement conservées et classées dans des boîtes à thé, j'ai pu en reproduire 56. Grâce à cette collection de graines, j'ai pu constater que la règle des cinq années de conservation est erronée, vous pourrez en réalité les conserver jusqu'à dix ans. Comme quoi, la nature est d'une résilience incroyable.

Avis aux amateurs de Solanacées !

Vous pouvez aussi vous essayer au genre Physalis, qui regroupe les variétés du même nom ainsi que les tomatillos.

Si les premières se mangent crues ou cuites, les tomatillos se cuisent pour agrémenter les sauces, notamment la fameuse Salsa Verde mexicaine utilisée pour pimenter les tacos. À savoir que ces plantes ont été domestiquées bien avant la tomate, au Pérou par les Incas, au Guatemala, au Mexique et jusqu'au Texas américain.

Leurs goûts n'ont rien à voir avec celui de la tomate et présentent un mélange d'acidité et de sucrosité. Leurs petits fruits jaunes, violets ou verts de 3-5 cm de diamètre, sont enfermés dans une sorte de cloche verte formée par les sépales, l'ensemble des pétales d'une fleur.

Ces plantes se cultivent de la même manière que la tomate ; la seule différence est que la levée de la semence est beaucoup plus lente et requiert donc plus d'attention.

Ci-contre : tomatillo Dr Whyche's Yellow

MES VARIÉTÉS PRÉFÉRÉES

Violette de Barbantane	violette, noire
Tomatillo Dr. Whyche's Yellow	jaune
Tomatillo Purple	violet
Tomatillo Toma Verde	vert
Physalis Peruviana	orange

FICHE TECHNIQUE

Semis	Février à mai
Plantation 6-8 semaines après le semis, dès fin mai	
Espacement à la plantation 100 cm en tous sens	
Récolte	Juillet - octobre
Exposition	Soleil
Température optimale	20 °C

Aubergine

Solanum melongena

MES VARIÉTÉS PRÉFÉRÉES

Violette de Barbantane	violette, noire
Black Beauty	violette, noire
Rotonda Bianca Sfumata di Rosa mauve clair, nacrée de blanc	
Listada de Gianda	violette avec zébrures blanches
Violeta di Firenze	violette avec col blanc, ronde
Dourga (ou œuf blanc)	blanche
Ping Tung	mauve, fine et élancée
Japanese Pickling	violette, fine et élancée
Konasu	violette presque noire, petite et ronde
Kamo	noire, petite et ronde

FICHE TECHNIQUE

Semis	Avril - mai
Plantation 7-8 semaines après le semis, hors gelée, à partir de mai selon les régions	
Espacement à la plantation 50 cm sur le rang et 80 cm entre les rangs	
Récolte	Juin à octobre
Exposition	Soleil
Température minimale	18 °C la nuit
Température optimale	25 °C le jour

Thaï, de Florence, Bianca Sfumata, Ping Tung, →
Black Beauty

Aubergine

Solanum melongena

En haut : feuillage de plants d'aubergines ;
en bas : Dourga (ou œuf blanc)

L'aubergine est un légume thermophile, c'est-à-dire qu'elle apprécie une chaleur constante, idéalement 18-20 °C la nuit pour la planter en extérieur. Un balcon orienté plein sud peut convenir car l'aubergine s'adapte à la culture en pot.

Pas que violette et dodue, l'aubergine !

Les aubergines principalement commercialisées en France ont un gros calibre : elles sont rondouillettes, d'un violet tirant vers le noir comme la **Violette de Barbantane** ou l'américaine **Black Beauty**. Comme pour la tomate ronde et rouge, je m'agace à ne voir que ce genre de variétés sur les étals du marché ou dans les magasins, toutes bien brillantes et de la même forme – leur peau me fait penser à du plastique. C'est le fait des semenciers à visée multinationale, ils ont développé des variétés hybrides F1*, plus prolifiques et offrant une récolte homogène aux fruits quasiment tous similaires.

Je préfère nettement la mauve claire et nacrée de blanc de la **Rotonda Bianca Sfumata di Rosa**, les zébrures blanches sur la peau violette de la **Listada de Gandia**, la rondeur de la **Violeta di Firenze** et son élégant col blanc qui encercle son pédoncule. La France a sa variété phare : la **Violette de Toulouse** d'un violet lilas uniforme.

Si toutefois vous souhaitez sortir du spectre violet, à vous les fantomatiques **Dourga ou Œuf Blanc**, d'un blanc virginal. Mes aubergines préférées restent malgré tout les asiatiques, plus petites, je trouve leur goût plus délicat et prononcé. En haut de mon classement, la chinoise **Ping Tung** et la japonaise **Japanese Pickling**, toutes fines, élancées et à la saveur douce, suivies des japonaises **Konasu** et **Kamo**, petites et rondes à la chair tendre et d'une couleur quasiment noire.

En haut : Black Beauty ; en bas : Black Beauty, Listada de Gandia, Bianca Sfumata di Rosa

En haut : Violette de Barbentane ;
en bas : un cocktail venu d'Asie : Konasu, Kamo, Ping Tung, Thaï ; ci-contre : Ping Tung

Histoire

En Europe, elle est le plus souvent cultivée en Italie et en Espagne. Pourtant, l'aubergine vient d'Asie. La Chine, le Japon et la Thaïlande ont créé de nombreuses variétés qui n'ont d'ailleurs pas la même forme. Plus longilignes, plus petites, certaines sont vertes ou blanches et ont parfois même la taille d'un œuf – d'où son nom anglais *eggplant*.

Plantation et culture

- Le principal besoin de l'aubergine est le soleil. Si les écarts de températures sont trop grands entre le jour et la nuit, elle risque de ne pas se développer. Soyez donc patient avant de vous lancer dans cette culture estivale et placez cette plante à un endroit particulièrement exposé au soleil.

- Autre réclamation de notre amie : un sol riche et fertile. Amendez votre sol avec un engrais minéral (Patentkali) à base de magnésium et de potassium, qui va aider au développement des fleurs et donc des fruits.

- Enfin, du côté arrosage, soyez régulier. Certes, elle apprécie la chaleur mais certainement pas la sécheresse.

- L'aubergine n'est pas particulièrement sujette aux maladies, même s'il arrive parfois qu'un acarien, le tétranyque, tisse une épaisse toile et installe ses congénères sur vos plants. Cette sorte d'araignée est un vampire, elle plante ses mandibules et suce la sève. Ces attaques nuisent à la photosynthèse de la plante qui, manquant d'énergie, ne produit plus correctement. À l'apparition de l'ennemi, arrosez promptement vos plants et donc sa toile plusieurs fois par jour. Cela devrait le dissuader de s'y installer.

Récolte et conservation

Sa récolte se fait au gré de vos besoins. Cependant, ne laissez pas trop de fruits sur la plante afin que d'autres fleurs apparaissent : ce sont vos futures aubergines.

Poivron & piment

Capsicum annuum

MES VARIÉTÉS PRÉFÉRÉES

Piments	
Habanero	rouge, très fort
Carolina Reaper	rouge, très fort
Chiplote variété Chilhuacle Nego, le Chilhuacle Rosso et la Pasilla Mixe rouge ou brun, piquant	
Fatalii	jaune et très fort
Piment d'Espelette	rouge et fort
Bonnet d'Évêque	rouge et moyennement fort
Jalapeno	rouge, vert, moyennement fort
Cayenne	rouge, fort
Poivrons	
Fushimi	rouge, doux
Yolo Wonder	carré, rouge
Poivron tomate	rond, rouge
Corno di Toro	cornu, jaune ou rouge

FICHE TECHNIQUE

Semis	Fin mars-mai
Plantation 7-8 semaines après le semis, hors gelée, à partir de mai selon les régions	
Espacement à la plantation 40-50 cm sur le rang et entre les rangs	
Récolte	Juin à octobre
Exposition	Soleil
Température minimale	16-18 °C la nuit
Température optimale	22-30 °C le jour

Corno di Toro jaune et rouge →

Poivron & piment

Capsicum annuum

En haut : le Fatalii ; en bas :

Poivron et piment sont de la même famille et se cultivent de la même manière, c'est pourquoi j'ai choisi de les rassembler. Si le poivron est largement apprécié, pour le piment c'est une autre affaire : on le vénère... ou on le craint !

Le piquant du piment

Pour beaucoup, le piment est sacré. Il est plus qu'une sauce relevée, qu'une tonalité donnée à un plat. Il est d'ailleurs un des rares légumes clivants : adulé si notre estomac d'Européen le supporte, détesté si ce n'est pas le cas. Le piquant provoqué par la molécule de capsaïcine est pourtant considéré comme une saveur – qu'il faut certes savoir tolérer. Pour nous aider à classer son intensité, le pharmacologue Wilbur Scoville a établi une échelle allant du plus doux, comme le poivron qui ne contient pas de capsaïcine, au plus fort comme le **Habanero** ou le **Carolina Reaper**, censé être le piment le plus fort du monde.

Vous auriez tort de limiter le piment à son piquant, il cache de multiples saveurs comme le fumé du rouge mexicain **Chipotle**, que l'on consomme surtout séché, ou le jaune vif africain **Fatalii** qui révèle une touche d'exotisme fruitée ou encore notre piment basque **d'Espelette** aux notes grillées. Il m'étonne par ses nombreuses formes comme la couronne du **Bonnet d'Évêque**, le longiligne **Jalapeno** ou le minuscule mais si puissant **Cayenne**.

Si vous ne tolérez pas sa saveur, ne vous privez pas pour autant de ses couleurs vives : verte, violette, rouge, jaune ; certaines variétés sont purement décoratives, tel un arbre de Noël estival. Mieux vaut bien connaître les variétés pour ne pas se tromper, à l'exemple du poivron japonais **Fushimi** qui ressemble à s'y méprendre à un **piment de Cayenne**. Notre ami se mange cuit mais aussi cru – dans ce cas, évitez les variétés de couleur verte, nettement plus amères.

En haut : Fatalii, de Bresse, Espelette, Aji Yellow, Takanotsume ; en bas : Carolina Reaper

Le poivron ? Un piment domestiqué

Le poivron, ce piment domestiqué par des pays comme l'Espagne ou les États-Unis, est une espèce que l'on a adaptée à nos palais, sans le piquant de la capsaïcine, cette molécule piquante du piment, ce qui le rend nettement plus digeste.

Les formes du poivron varient du carré facile à farcir comme le **Yolo Wonder** à la rondeur du **Poivron Tomate** ou cornu jaune ou rouge comme le **Corno di Toro** qui se confie à merveille au four.

Histoire

Le plus souvent cuisinés dans le bassin méditerranéen – je pense à la ratatouille, la piperade basque ou la harissa dont je raffole – , les poivrons et piments sont d'origine amérindienne. Tous les deux font partie de la même espèce, bien que le piment soit apparu en premier. La culture de ce dernier s'est propagée jusqu'en Asie et en Afrique où il tient une place importante en cuisine – il était surnommé « le poivre du pauvre » par les Amérindiens. Partout où il pousse, il est aussi utilisé dans les médecines traditionnelles.

Poivron Oda

Plantation et culture

Étant cousins, poivron et piment se cultivent de la même manière.

Le semis s'effectue un mois et demi avant la plantation. Les graines sont disposées en rang dans une terrine*, espacées de 3 cm. À la levée de la graine, qui peut être assez longue, sélectionnez vos plus belles plantules et repiquez-les en godet individuel.

Poivrons et piments ont de petites racines, ce qui nécessite un sol décompacté* avant la plantation pour que la plante s'implante correctement. Amendez-le d'un engrais azoté, comme le fumier de cheval.

Hormis ces précisions, poivron et piment sont des plantes vraiment faciles à cultiver, elles s'adaptent aussi bien à une balconnière qu'à un pot.

Ils ne sont pas sensibles aux maladies, vous pouvez donc arroser leur feuillage sans risque, à raison de 2 fois par semaine.

TIPS

Connaissez-vous le tapis chauffant ?

Ces plantes étant amoureuses de la chaleur, je vous recommande d'acheter une nappe chauffante pour assurer à vos semis une température constante entre 20 et 25 °C. Cette chaleur sera également nécessaire à la plantation, privilégiez donc l'emplacement le plus ensoleillé de votre jardin.*

Récolte et conservation

Le piment étant autogame*, je vous invite à récupérer ses graines pour les semer l'année suivante.

Piment Chihuacle

TIPS

Des piments des quatre coins du monde

Je demande toujours à des amis voyageurs de me rapporter des piments de leurs voyages, à l'exemple du chef Bruno Verjus qui, à son retour du Mexique, m'a confié 3 variétés venues de la région d'Oaxaca : le Chilhuacle Nego, le Chilhuacle Rosso et la Pasilla Mixe. Quand il m'a tendu les piments séchés par le soleil, j'étais persuadée que le pouvoir germinatif de la graine était perdu. Sur la dizaine de graines semées, seules quelques-unes ont levé, mais il en suffit d'une pour reproduire à l'infini une variété ! Cette résilience germinative me fascinera toujours.

Concombre

Cucumis sativa

MES VARIÉTÉS PRÉFÉRÉES

Tanja	vert, très long et lisse (30 cm)
Marketmore	vert, long et lisse (20 cm)
Vert Maraîcher	vert foncé, long (20 cm)
Lemon	jaune et rond
Sooyoh Long	vert foncé, peau épineuse, très long (40 cm) et sinueux
Tokiwa	vert lisse, long (30 cm)
Satsuki	vert lisse, long (30 cm)
Libanais	vert clair, petit (et très sucré)
Silver Slicer	blanc, moyen long (10-15 cm)
Kiwano	jaune ou orange vif, épineux et rond

FICHE TECHNIQUE

Semis	Avril à juin
Plantation	5 semaines après le semis
Espacement à la plantation 50-60 cm sur le rang, 80 cm entre les rangs	
Exposition	Soleil
Température minimale	20 °C le jour
Température optimale	25-30 °C

Sooyoh Long & Tokiwa →

Concombre

Cucumis sativa

En haut : portrait avec un concombre Lemon ; en bas : Sooyoh Long ; ci-contre : Muncher & Marketmore

Je ne sais pas vous, mais, pour moi, le concombre évoque la Grèce et son tzatziki, ou encore le meilleur allié de nos salades estivales. Frais, juteux, désaltérant, parfois sucré : impossible de s'en passer durant l'été.

Des formes et des saveurs différentes

Le plus souvent : le concombre se caractérise par une forme longue et des nuances de couleurs vertes plutôt foncées pour le **Tanja**, le **Marketer** ou le **Vert Maraîcher**. Mais il peut être bien plus surprenant : regardez par exemple la variété **Lemon**, qui offre des fruits parfaitement circulaires et d'un jaune vif. C'est à s'y méprendre tant il ressemble au citron – dont je précise qu'il ne partage que l'apparence. Certes, la plante est moins productive qu'une variété plus classique, mais tellement plus originale !

L'Asie nous offre des variétés que j'adore, comme le chinois **Sooyoh Long**, particulièrement long (40 cm en moyenne, je vous laisse juger par la photo page 120) et sinueux, tel un serpent épineux. Sa peau plus épaisse lui octroie quelques jours supplémentaires de conservation par rapport à d'autres, et sa chair blanche croquante est d'une douceur inouïe, et sans pépins s'il vous plaît !

Le Libanais

Kiwano

Ces caractéristiques gustatives se retrouvent aussi chez les japonais **Tokiwa** ou **Satsuki**, qui offrent des fruits plus petits (30 cm) et une peau lisse plus facile à éplucher. Sinon, quitte à faire le tour du globe, je vous suggère le petit et très sucré **Libanais**. Enfin, dans la catégorie « surprenants », les nommés sont le doux **Silver Slicer**, pour la blancheur éclatante de sa peau et de sa chair, et l'orange vif **Kiwano**, à l'enveloppe épineuse et piquante, dont le goût amer rappelle les origines de l'espèce **Cucumis**.

Ultime surprise : le concombre et le melon faisant tous les deux partie de la famille des Cucurbitacées, ils ont parfois été croisés pour donner une variété hybride à part entière.

Les Italiens en raffolent ! Il y a le melon creux **Carosello Barese**, le tout rond **Tondo Liscio di Manduria** ou le vert très clair **Battaglione/Barettiere**. Les Japonais, grands producteurs de melons, ont eux aussi leurs concombres hybrides, qu'ils nomment **Sakata**.

Le Boothy Blonde

Histoire

Qui aurait cru que le concombre nous vient d'Inde, où il est d'abord apparu avant de se répandre presque partout dans le monde ? Il est aujourd'hui cultivé de la France aux Pays-Bas, de la Chine à l'Irak, au Liban, à l'Algérie... Voilà encore une preuve de l'incroyable faculté d'adaptation des plantes à un terroir.

Pourtant, avant que l'homme ne le domestique, ses fruits étaient d'une amertume folle, loin de sa douceur réputée. Au Moyen Âge, on le nommait « cucumeres », pour évoquer son âpreté, c'est vous dire le challenge que ça devait être de l'ingérer...

Le saviez-vous ?

Le cornichon est un très jeune concombre ; c'est la même espèce mais récoltée et consommée de manière différente. Le cornichon se mange après avoir fermenté dans un récipient clos, chaque pays a sa recette et son originalité, comme le russe Molosol ou le petit français dans son bocal vinaigré.

Silver Slicer

Plantation et culture

Je vous conseille de préparer vos plants dans un godet* : la graine se sème à plat avant de la recouvrir de terreau. D'autres sèment un poquet* de 3 graines en pot et ne conservent que la plantule* la plus robuste une semaine après la levée.

Du côté culture, le concombre requiert de la chaleur, un sol riche en matière organique et minéraux que l'on obtient par un apport de compost et de fumier décomposé. Il doit aussi être décompacté*. Pensez à bien l'espacer entre deux rangs, car la variété, qu'elle soit buissonnante* ou coureuse*, occupe un espace certain. Qui dit coureuse dit tuteur. Vous pouvez faire grimper la plante en l'enroulant autour d'un fil suspendu ou sur un grillage. Ses petites tiges, qui font penser à une sorte de moustache, s'enroulent aux structures, comme le haricot mais avec moins de puissance.

À la différence de la plupart des plantes potagères, le concombre apprécie qu'on mouille son feuillage, mais veillez à ce qu'il puisse bien se ventiler, pour éviter de voir l'oïdium* débarquer sous forme de taches blanches ou grisâtres sur les feuilles. Quasiment inévitable en fin de cycle de la plante, dès l'apparition des premières taches, sortez votre pulvérisateur rempli d'eau et de savon noir (1 l d'eau pour 10 cl de savon noir) et aspergez le feuillage le matin, pas en journée – avec la chaleur du soleil, le savon risquerait de brûler son feuillage.

Récolte et conservation

Le concombre se récolte tous les deux ou trois jours et produit abondamment : environ 4 kg par plante ! Pour maintenir cette abondance, ne laissez pas les fruits trop longtemps sur la plante mère, cela lui envoie le message que son cycle est fini et elle cessera sa production.

Comme pour les tomates, il est possible d'égourmander* (que j'aime ce mot !) la plante en ôtant à chaque aisselle de ses tiges les bourgeons floraux naissants.

Maïs

Zea mays

MES VARIÉTÉS PRÉFÉRÉES

Double Red	rose-rouge
Golden Bantam	jaune
Inca	multicolore
Black Mexican (mexicain)	noir
Country Gentleman (américain)	blanc
Hopi (amérindien)	bleu

FICHE TECHNIQUE

Semis	Avril à juillet
Plantation	6 semaines après le semis
Espacement à la plantation 50 cm entre les rangs, 30 cm sur le rang	
Récolte	3-4 mois après le semis
Exposition	Soleil
Température minimale	16 °C la nuit
Température optimale	25-33 °C le jour

Les couleurs infinies du maïs Inca →

Maïs

Zea mays

En haut : racine de maïs ;
en bas : la floraison du maïs

On le mange souvent sous forme de pop-corn ou grillé au four, à l'américaine. Mais saviez-vous que le maïs peut ne pas être jaune ?

La lumière d'un vitrail...

Avez-vous déjà observé un grain de maïs en laissant la lumière le transpercer ? C'est sublime. Il est translucide et coloré... comme un vitrail.

Le maïs regorge de variétés colorées : la **Double Red** rouge qui conserve son rose à la cuisson et qu'on peut aussi éclater en pop-corn détonant ; le plus classique américain jaune **Golden Bantam** qu'on grille au four ou qu'on mange cru en salade. Mais on peut aussi goûter un amérindien bleu **Hopi**, le **Black Mexican** noir, un **Inca** multicolore ou encore un albinos américain le **Country Gentleman**. Sacré casting !

Le maïs se classe en plusieurs groupes qui diffèrent selon la transformation et la consommation du grain. Voici les plus communs :

- les **Zea Mays Zaccharata** se mangent cuits ou crus. Toutes les variétés que je viens d'évoquer en font partie ;
- les **Zea Indentata** sont transformés en farine ;
- les **Zea Mays Indurata** sont utilisés pour la semoule ;
- enfin, les variétés au nom étrange de **Zea Mays Microsperma** se transforment en pop-corn.

Bon à savoir
Le fruit du maïs est le grain. Un épi est donc un ensemble de fruits.

Histoire

Tout droit venue du Mexique, présente bien av. J.-C., cette plante annuelle appartenant à la famille des Poacées m'impressionne toujours par sa taille pouvant dépasser les 2 m. Une variété péruvienne dépasse même 5 m !

Plantation et culture

Pour cultiver le maïs, la conduite à suivre est simple, elle requiert trois principes fondamentaux :

- ne pas mélanger les variétés aux semis et à la plantation ;
- lui donner du soleil et un peu d'eau ;

- éviter de le planter seul. Sans compagnon, il ne pourra pas se reproduire et ne donnera pas de fruit.

Attendez que le sol soit réchauffé, plantez après les gelées, qui l'anéantiraient. Le maïs a besoin d'au moins 16 °C et préfère nettement le cagnard, jusqu'à 30 °C.

Le sol doit être suffisamment meuble pour qu'il puisse s'enraciner ; on peut y ajouter une poignée de compost avant la plantation, mais rien de plus. Comme il aime s'exposer au soleil, paillez ses pieds pour conserver de l'humidité aux racines.

> **TIPS**
>
> **Inratable ou presque !**
>
> *N'hésitez pas à préparer vos semis en semant 3 graines par pot ou godet. Vous pouvez aussi semer directement au jardin, en lignes espacées de 50 cm par poquet* de 3-4 graines tous les 30 cm.*

Entretien des plants

La levée du semis de maïs est rapide : une semaine à dix jours. Quand les plants atteignent une vingtaine de centimètres, buttez* vos cultures. En apportant plus de terre autour du pied, vous favorisez l'enracinement.

Pour être sûr d'obtenir des maïs de couleur et caractéristiques similaires, entourez le vôtre d'individus de la même variété. Plantez ou semez en groupes – ce qu'on appelle un îlot* – encore mieux, disposez sur au moins 3 lignes. L'idée est de constituer un bloc, un clan de maïs, dont il faut respecter le territoire.

De manière moins contraignante, vous pouvez aussi introduire une première variété puis attendre un mois avant d'en introduire une autre. Ainsi, les plantes n'auront pas le même stade de croissance, la première variété déjà fécondée ne pourra plus l'être par sa nouvelle voisine dont les fleurs n'auront pas le même stade de croissance.

In fine, ne soyez pas non plus perfectionniste. Si vous mixez ou plantez côte à côte des variétés différentes, vous obtiendrez un maïs hybride. Certes, une plante non identifiée, mais tout à fait comestible. Peut-être même bonne, mais loin des caractéristiques génétiques et gustatives transmises par sa variété mère.

Récolte et conservation

Le maïs se consomme frais dans la semaine qui suit sa récolte. Pour une conservation plus longue, blanchissez les grains quelques minutes en les plongeant dans l'eau bouillante salée. En laissant sécher les graines directement sur le plant, vous pouvez les stocker et les réutiliser pour le semis d'une prochaine saison.

Bien préservées, les graines ont une durée de vie optimale de cinq ans, parfois plus.

Le Double Red

Le Mexicain noir

Reproduction et botanique

Pourquoi ce besoin de proximité chez le maïs ? Parce qu'il est allogame, c'est-à-dire qu'il a besoin de se reproduire avec ses voisins. N'ayez pas l'esprit mal tourné, voyez plutôt cela comme l'aboutissement d'une riche diversité génétique.*

Concrètement, pour que la fleur d'une plante allogame soit fécondée et donne un fruit, le pistil d'une fleur doit recevoir le pollen d'une fleur distincte. À l'inverse de la tomate, le maïs n'est pas hermaphrodite, ses organes reproducteurs mâle et femelle ne sont pas sur la même fleur. À son sommet, une inflorescence jaune sous forme de grappe – ses sacs remplis de pollen –, le panicule, est son côté masculin. La féminité se trouve dans la chevelure qui caresse la pointe de l'épi, appelée la « soie », et récolte au vent le pollen.*

Il est rare d'avoir au jardin un spécimen anémophile, seul le vent qui transporte avec lui le pollen peut féconder la plante et en conséquence donner un légume. La plupart des plantes, appelées à l'inverse les « entomophiles* », n'ont pas besoin du vent mais de l'intervention des insectes comme les abeilles pour se reproduire. D'où l'inquiétude que peut générer la disparition de ces alliées velues de notre écosystème. Pour une abeille, une fleur représente un festin, elle se goinfre au buffet de pollen – littéralement, c'est open bar. Cette ivresse l'entraîne à s'en mettre plein les pattes, comme si elle portait de petites bottines jaunes. Et l'abeille étant gourmande, elle ne se contente pas de visiter une fleur, mais plusieurs. À chaque visite, elle doit être précise pour atterrir, c'est toute une manœuvre où ses ailes vibrent si vite, si fort… qu'elle en perd ses bottines de pollen ! À cet instant, la Cendrillon du jardin nous offre la transmission de la vie. Le pollen féconde cette fleur voisine et environ trois à quatre mois plus tard, le fruit aboutit à sa formation.*

Melon

Cucumis melo

MES VARIÉTÉS PRÉFÉRÉES

Mizuho New Melon	jaune vif et chair vert clair
Barattiere	concombre/melon, vert clair et chair blanche
Bataglione	vert clair et chair blanche
Petit Gris de Rennes	gris et chair orange
Tiger	orange tigré jaune et chair blanche/jaune

FICHE TECHNIQUE

Semis	Fin mars à mai
Plantation	6-7 semaines après le semis
Espacement à la plantation	80 cm sur le rang, 120 cm entre les rangs
Récolte	Juin à septembre
Exposition	Soleil
Température minimale	16 °C la nuit
Température optimale	25-35 °C le jour

Mizuho New Melon →

Melon

Cucumis melo

En haut : Mizuho New Melon ;
en bas : le Charentais

Étonnamment, c'est le Japon qui m'a fait découvrir le plus de variétés de melons. Là-bas, le melon se mange aussi bien cru que cuit. Il est même parfois offert en cadeau, emballé d'un nœud, tant il possède de valeur...

Le melon, une version fruitée de la courge !

Il y a quelques années, je suis tombée sur un article qui faisait le portrait d'Asafumi Yamashita et le présentait comme le maraîcher des restaurants étoilés vendant des produits japonais. Installé dans les Yvelines où il cultive des produits rares, impossibles à trouver en Europe, il s'octroie le luxe de vendre un melon à 60 euros la pièce ! Je me suis demandé ce que pouvait bien avoir de si exceptionnel un melon pour être vendu à ce prix. Sans vouloir dénigrer le travail de Yamashita San, il me semble qu'aucun fruit ne vaut la peine d'être payé si cher ! En revanche, je dois bien admettre que les melons cultivés au Japon sont excellents et différents de nos melons européens. Le **Mizuho New Melon** ne déçoit pas. Avec sa peau qui tire sur le blanc et le vert – et le jaune vif presque fluorescent quand il atteint sa maturité –, sa chair vert clair, ferme et quasiment transparente, il a un goût qui se rapproche du melon d'eau espagnol, la texture farineuse en moins. Il est véritablement – et très probablement génétiquement parlant – un mix entre le concombre et le melon.

Petit Gris de Rennes

Plus proche de nous, l'Italie offre aussi un choix de variétés hybrides concombre-melon comme le **Barattiere** ou le **Bataglione**. J'aime le français **Petit Gris de Rennes**, que j'ai planté dans le potager de Julie Andrieu pour l'émission, à la peau parfois rugueuse. Cette dernière peut être striée et prendre une apparence animale comme c'est le cas pour le **Tiger** dont la variété porte si bien le nom.

Melon à croquer Small Striped

Bon à savoir

Certains melons sont minuscules, de la taille d'une micropastèque, et ne se mangent que marinés pour éviter toute amertume. Ils sont certes attendrissants, mais leur goût est quelque peu décevant dès lors qu'on s'attend à une explosion de sucre ; je ne suis pas sûre de recommencer leur culture !

Histoire

Peut-être étais-je chauvine en pensant que le melon nous appartenait, tellement habituée à manger la chair orange et sucrée du **Charentais**... En réalité, de nombreux pays offrent une incroyable diversité de variétés, à l'image de l'Afrique dont il est originaire ou de l'Asie. À vous de découvrir de nouvelles contrées !

Plantation et culture

Le melon est un amoureux de la chaleur, ses semis commencent dès la fin mars, sous abri et si possible sur une nappe chauffante* pour conserver une température de 20 °C au sol.

Comme pour la courge, la graine s'insère à la verticale, la pointe vers le bas et non entièrement dans le terreau. Le plant sera prêt un mois après le semis.

Le melon se plante très bien sur du fumier de cheval composté, car il apprécie un sol riche en azote. Si vous voulez vous abstenir de tout désherbage, vous pouvez aussi le planter au travers d'une bâche. L'idéal est de nourrir son sol de potassium quelques mois avant la plantation, avec des coquilles d'œufs broyées par exemple. Si vous n'avez pas pu anticiper, cet apport peut aussi se faire grâce au Patentkali, à raison d'une poignée par plant lors de la plantation.

Entretien des plants

Pour forcer la plante à se concentrer sur la production de fruits, taillez-la quand elle atteint le stade de 4 feuilles. Répétez cette opération sur chacune des ramifications qui apparaîtront. Veillez à ne conserver que 4-5 fruits par plante.

TIPS

Anti-humidité

Comme pour les courges, vous pouvez placer les fruits sur une petite plaque d'ardoise : cela évitera que le fruit ne s'abîme au contact de l'humidité du sol.

Récolte et conservation

La récolte s'opère quand les feuilles les plus proches et le pédoncule changent de couleur par rapport au fruit.

Ci-contre : Battaglione ;
en bas : fructification du melon

Gombo

Abelmoschus esculentus

MES VARIÉTÉS PRÉFÉRÉES

Emerald	vert saillant
Red Burgundy	rouge bordeaux
Red Rocket	rouge bordeaux

FICHE TECHNIQUE

Semis	Mars-avril
Plantation	7-8 semaines après le semis
Espacement à la plantation 50 cm sur le rang et entre les rangs	
Récolte	3 mois après le semis
Exposition	Soleil
Température minimale	16 °C la nuit
Température optimale	25-30 °C le jour

Red Burgundy →

Gombo

Abelmoschus esculentus

En haut : le début de la fructification, la nouaison du gombo ; en bas : la floraison du gombo

Bien qu'il pousse en France, c'est à l'autre bout du monde que j'ai découvert le gombo, appelé aussi « okra ».

Une texture proche de l'aloe vera

À 700 m d'altitude, encerclé par une forêt d'immenses conifères, Koyasan, haut lieu de pèlerinage bouddhiste au Japon, demande une vraie détermination pour être atteint. Ce village est une véritable enclave mystique, peuplée de moines aux habits orangés. Le temps semble s'y être arrêté, et au loin résonnent les prières dans les monastères. Il est possible d'y séjourner quelques nuits, à condition de respecter le mode de vie monastique, ce qui inclut une nourriture végétarienne. 17 h 30 : il est l'heure de dîner. Un jeune apprenti dresse devant moi une multitude de plats, et je suis immédiatement attirée par un petit bol brillant. La texture du contenu est visqueuse, transparente, et le goût particulièrement doux. Je n'ai jamais mangé quelque chose de semblable. En effet, le gombo est peu utilisé dans nos cuisines occidentales ; il semblerait que nos palais ne soient pas prêts pour ce mucilage qui me rappelle l'aloe vera. Si ce côté gluant vous rebute, il existe une autre façon de le consommer, comme en Inde et dans les régions tropicales comme la Guyane, où le fruit du gombo est séché et broyé. La pectine qu'il contient permet d'épaissir les sauces. Selon les variétés, ses fruits sont d'un vert saillant chez l'**Emerald** ou rouge bordeaux comme le **Red Burgundy** ou le **Red Rocket**.

Histoire

Nous ignorons à ce jour si le gombo est apparu en Afrique ou en Inde avant de se propager en Asie. Voici encore une plante qui a sacrément voyagé puisqu'elle arriva au XIIIe siècle dans le bassin méditerranéen, du Maghreb jusqu'en Italie et en France, sans pour autant être adoptée par notre cuisine européenne.

Plantation et culture

Inutile de voyager aussi loin pour le goûter, le gombo pousse parfaitement dans nos régions, à condition d'attendre l'été et sa chaleur car il a besoin de 25 °C pour former ses fruits.

Il apprécie les sols légers, riches en matière organique et drainants, car ses racines craignent l'excès d'humidité. N'appréciant pas l'azote comme fertilisant, privilégiez un apport minéral comme le Patentkali, qui favorisera sa fructification.

Au jardin, il se sème en semis direct par poquet* de 3 graines, si la météo vous le permet. Sinon, préparez vos semis en intérieur 1 mois à l'avance.

Dès sa plantation, arrosez-le modérément pour obtenir des fruits.

Récolte et conservation

Le gombo se récolte jeune pour éviter qu'il ne devienne fibreux, quand la couleur de son fruit est encore vive. En séchant, il noircit. C'est alors le moment de récolter ses graines et de les stocker pour la saison prochaine.

Combo Emerald rapporté du Japon

Courges

Cucurbita maxima, moschata, pepo

MES VARIÉTÉS PRÉFÉRÉES

Maxima	
Potimarron	orange vif, moyen
Blue Hubbard	bleu clair presque gris, en forme de cloche, grosse
Marina di Chiogga	gris vert, grosse
Green Hokkaido	vert foncé quasi noir, taille moyenne
Bleu de Hongrie	bleu gris, moyenne à grosse

Moschata	
Butternut Honey Nut	petit, orange vif
Violina	orange passé, légèrement grisonnante
Courge de Naples	verte
Musquée de Provence	orange
Yokohama	noire, taille moyenne
Pepo	
Pâtisson	albinos
Patidou	blanc, tigré de vert
Spaghetti	jaune

FICHE TECHNIQUE

Semis	Mai à juin
Plantation	5 semaines après le semis
Espacement à la plantation	80-100 cm sur le rang, 100-120 cm entre les rangs
Récolte	Dès octobre
Exposition	Soleil
Température minimale	16 °C la nuit
Température optimale	25 °C

La courge japonaise Yokohama →

Courges

Cucurbita Maxima, Moschata, Pepo

Potimarrons ; ci-contre : Patidoux

Les courges, aussi appelées « potirons » ou « citrouilles », ont d'innombrables formes et couleurs. Ce serait dommage de les cantonner aux contes de fées ou à Halloween !

En fruits ou en graines ?

Parmi les courges, on distingue 3 espèces :

- Les Maxima, dites « potirons », comme le **Potimarron**, l'américaine **Blue Hubbard**, l'italienne **Marina di Chioggia**, les japonaises **Hokkaido** et **Futsu Black**, à l'Est le potiron **Bleu de Hongrie** dont la couleur me rappelle le ciel bleu gris parisien.

- Les Moschata, dites « musquées », à la peau fine comme le **Butternut**, la **Violina**, la **Courge de Naples** ou la française **Musquée de Provence**.

- Les Pepo, qui concernent aussi les courgettes, mais seulement les espèces comme le **Pâtisson** et sa forme de soucoupe volante blanchâtre, le **Patidou** qui peut s'utiliser en dessert ou la **Spaghetti** et sa chair aux allures de choucroute.

Ces espèces varient par leur texture et leur goût : la douceur et le blanc tigré de vert du **Patidou**, le **Potimarron** orange vif qui tient son nom de sa saveur aux notes de marron… Les chefs raffolent de la **Violina**, sorte de butternut à la peau plus épaisse et foncée mais à la saveur encore plus tendre, proche de la châtaigne. Du côté Japon, les plus connues sont les potirons vert foncé quasi noirs d'**Hokkaido**, à la chair ferme tendre et d'un orange vif.

Le Butternut

La Violina

Histoire

La courge est américaine mais plutôt du Sud, des régions tempérées. Il faut attendre le XVIe siècle pour qu'elle se propage en Europe, vers l'Italie et la France, puis l'Asie.

Plantation et culture

La courge n'est pas une plante très exigeante, elle demande simplement, à sa plantation, un trou un peu plus profond que la taille de sa motte, avec un bon lit de compost. Et un voisin distant d'au moins 80 cm – dans l'idéal, 100 cm. OK, ça fonctionne aussi à 60 cm, mais plus vous diminuez l'espacement entre les plants, moins la fructification sera abondante et vigoureuse. Surtout, les courges sont des plantes pour la plupart coureuses*, elles se répandent comme des tentacules avec de larges feuilles et des fruits dont la taille varie selon les variétés. Le **Patidou** est petit (environ 500 g) à côté du **Bleu de Hongrie** (plus de 3 kg).

Prenez ce paramètre en compte pour choisir l'espace nécessaire dans votre jardin.

Il est préférable de planter en groupe d'une même variété pour éviter tout croisement, la courge étant allogame* (voir encadré ci-après).

Entretien des plants

Du coté irrigation, les courges ne sont pas de grandes consommatrices une fois qu'elles sont correctement installées ; arrosez les huit premiers jours, puis rarement voire pas du tout (selon le climat), à condition que le sol soit paillé d'une vingtaine de centimètres ou recouvert d'une bâche en plastique. OK, c'est moins sexy mais c'est réutilisable d'une année sur l'autre, donc c'est une utilisation écologique de cette matière !

Attention, ne laissez pas les courges dépérir lors des fortes chaleurs : leur feuillage s'affaisse immédiatement et devient flaccide.

Récolte et conservation

La récolte s'effectue quand le pédoncule sèche et brunit ; la courge se détache alors facilement de sa branche. Elle se cueille au besoin, mais sa récolte doit impérativement être aboutie avant les premières gelées. Elle se conserve des mois, à condition d'être à l'abri de l'humidité, de ne pas superposer ou poser les courges directement au sol.

Les Bleus de Hongrie

+ Des graines de courges, deux utilisations

La première utilisation est culinaire. Lavez les graines puis disposez-les sur du papier cuisson sur une plaque de pâtisserie et faites cuire quelques minutes au four à 180 °C – l'idéal est de les faire sécher au déshydrateur pour conserver tous leurs nutriments. Riches en fer et en magnésium, excellentes pour le transit, ces graines ornent parfaitement les salades, tartes, ratatouilles…

La seconde utilisation est pour le potager. Si vous conservez les graines pour les ressemer l'année suivante, sachez qu'il faudra alors cultiver une seule et même variété pour avoir la certitude d'obtenir celle que vous voulez et non une courge hybride, croisée. Car la courge est allogame, elle se reproduit par le pollen des fleurs des courges voisines. Alors oui, cet hybride sera comestible, mais aura-t-il pris les meilleurs gènes de sa variété ?*

Je fais justement le test cette année avec une courge de type Moschata, qui ressemble à la Violina mais dont la peau est plus épaisse et rugueuse. Elle m'a été offerte lors d'un voyage au Japon par le chef Yoshihiro Imai lors de mon passage dans son restaurant à Kyoto.

Vous auriez dû voir la scène pour extraire les graines : j'ai enfermé la courge dans un sac plastique que j'ai frappé sur le sol de ma chambre d'hôtel le soir même, pour l'éclater. Croyez-moi, c'est coriace, une courge !

J'ai fait sécher les graines extraites sur une serviette plusieurs jours avant de soigneusement les enfermer dans une enveloppe, cachée au fond de ma valise. Je m'excuse ici auprès du Japon pour ce transport illégal, mais la tentation était trop grande. Vous voulez savoir si j'ai retrouvé la saveur délicate, avec une note de noisette, de la courge de Yoshihiro San que j'ai nommée « L'Inconnue du Japon » ? Hélas non, je n'ai jamais retrouvé cette saveur tant attendue ni même son apparence orangée et grumeleuse. « L'Inconnue du Japon », comme on pouvait le prévoir, s'est croisée avec une voisine Vert Olive, donnant un fruit vert foncé et galbé comme un Butternut…

Chou kale

Brassica oleacera var. sabellica

MES VARIÉTÉS PRÉFÉRÉES

Noir de Toscane	vert, feuilles élancées
Vitessa	vert, feuilles frisées et compactes
Red Russian	violet, feuilles dentelées

FICHE TECHNIQUE

Semis	Mars à juin
Plantation	Mai à juillet
Espacement à la plantation 50 cm en tous sens	
Récolte	Octobre à février
Exposition	Soleil
Température minimale	- 5 °C (jour et nuit)
Température optimale	15 à 20 °C la journée

Red Russian →

Chou kale

Brassica oleacera var. sabellica

En haut : Red Russian ;
en bas : Vitessa et Noir de Toscane

Sous ses airs de palmier, le chou kale est une espèce non pas tropicale mais bien européenne, et russe ! Riche en vitamines, en protéines et en minéraux : à consommer sans modération.

Déshabillez-le !

L'avantage de ce chou frisé est qu'il supporte bien les températures négatives de l'hiver, elles le rendent même plus goûteux et croquant.

Autant mélanger les variétés pour orner votre jardin avec les délicates feuilles élancées et vert brut du **Noir de Toscane**, les plus frisées et compactes du **Vitessa** ou les dentelées violettes du **Red Russian**.

Histoire

Enfin une plante d'origine européenne, dont les premières traces écrites apparaissent durant l'Antiquité ! *Kaulos* désigne d'abord un chou à tiges. Sa culture est appréciée pour sa résistance au froid, notamment en Italie ou aux États-Unis où il est le légume phare de l'hiver. Sa consommation connaît un nouvel essor global depuis une vingtaine d'années grâce à ses vertus nutritives : il couvre, à lui seul, tous les besoins quotidiens en vitamines, minéraux et fibres, à condition d'en manger au minimum 100 g.

Plantation et culture

Réalisez le semis du chou kale à l'intérieur : s'il supporte bien le froid à taille adulte, il ne germe qu'à 20 °C. Pour obtenir des plants avec des racines plus développées et vigoureuses, créez une pépinière en semant dans n'importe quel réceptacle rempli de terreau – je recycle pour ma part les emballages alimentaires en plastique des ventes à emporter. Pensez à percer le fond de quelques trous afin que l'eau s'évacue correctement.

Le chou kale n'étant pas une plante très exigeante, apportez-lui seulement un peu de compost avant la plantation et paillez le sol qui l'entoure pour conserver de l'humidité. Puis semez les graines en rang à quelques centimètres d'intervalle.

Deux semaines plus tard, sélectionnez les plants les plus vigoureux, les plus droits, et replantez-les individuellement dans un petit pot ou godet*. Les plantules* sont prêtes à être mises en terre quand elles ont 5-6 feuilles et qu'elles se tiennent bien, prêtes à résister au vent. Pour qu'elles ne vacillent pas, enterrez de 1 ou 2 cm le collet* du chou.

Entretien des plants

Le kale est attaqué par des ravageurs comme l'altise*, redoutable par sa capacité à grignoter les feuilles. Pour vous prémunir et minimiser les dégâts, couvrez vos cultures dès la plantation d'un voile anti-insectes. Posez-le directement sur les plantes ou sur des arceaux. Pour éviter que le voile ne s'envole, lestez-le de part et d'autre avec un caillou, une brique, ce que vous aurez sous la main.

Récolte et conservation

Au fur et à mesure de vos besoins, déshabillez le chou, feuille par feuille, en commençant par celles du bas. Comme c'est une plante qui réalise son cycle de vie sur deux ans, ses feuilles vont repousser et donc offrir plusieurs récoltes.

Consommez-le dans les deux jours qui suivent, sauté à la poêle, frit comme des chips, ou cru mixé avec de la carotte en jus détox.

Le True Siberian

Baby légumes

MES VARIÉTÉS PRÉFÉRÉES

Betterave	
Bull's blood	rouge
Burpees Golden	orange jaune
Tomate	
Early Cherry	rouge
Champagne	jaune
Super Grise Extra	rouge
Concombre	
Muncher	vert
Libanais	vert
Chou kale et blette	
Toutes variétés	vert, bordeaux
Courgettes	
Toutes variétés	vert, jaune, blanc

J'appelle mini ou baby légume tout fruit qui tient dans la paume de ma main. Les baby légumes sont certes petits, mais puissants en goût !

Super Grise Extra →

Baby légumes

En haut : baby courgette et sa fleur ;
en bas : concombre Muncher

Parfaits pour les petits espaces !

Certains légumes n'ont pas besoin d'atteindre une maturité totale pour être consommés.

Ils sont particulièrement populaires dans les cuisines des restaurants car ils peuvent être rapidement utilisés, leur temps de cuisson est réduit, tout comme l'opération d'épluchage qui s'avère inutile.

L'autre avantage des mini-légumes est qu'ils occupent moins de place au jardin et peuvent donc tout à fait s'adapter à une culture en ville, dans une jardinière ou en pot, l'espacement de semis ou de plantation étant diminué.

Plantation, culture et récolte

Pour cultiver des baby légumes, il suffit de réduire la distance à 4 cm entre chaque plant lorsqu'on éclaircit* le rang.

L'espacement est le même pour les navets ou les betteraves afin d'obtenir de magnifiques petites boules d'un diamètre de 6-7 cm. Toutefois, attention au choix des variétés de betteraves : inutile de semer une **Chioggia**, dont les anneaux n'auraient pas le temps de se former ; choisissez plutôt une variété bien ronde comme la pourpre **Bull's Blood** ou la dorée **Burpees Golden**.

Quelques exemples de légumes conservant le même espacement à la plantation :

- Chou kale et blette, qui peuvent être cueillis jeunes quand leurs feuilles mesurent 7-10 cm. Faites-les frire dans de l'huile d'olive et des épices pour un apéritif croustillant !

- Privilégiez pour les tomates les variétés précoces de cerises rondes, comme la rouge **Early Cherry**. Mes préférées, plus proches de la taille d'une groseille que d'une cerise, sont les jaunes **Champagne** ou la rouge **Super Grise Extra**.

- Les concombres se prêtent également à ce format, je les trouve ainsi plus sucrés.

Évitez de choisir des variétés asiatiques à la peau rugueuse, préférez-leur des variétés formant des fruits plus petits comme le **Muncher** ou le **Libanais**.

- Pour les courgettes, toutes les variétés fonctionnent. À la récolte, cueillez-les avec leur fleur : vous aurez ainsi un double usage en cuisine puisque cette dernière peut être fourrée pour en faire un ballotin. Néanmoins, ne récoltez pas tous les fruits portant une fleur femelle, sans quoi vous n'obtiendrez plus aucune courgette.

Bon à savoir

Attention, la croissance des concombres et courgettes peut changer radicalement d'un jour à l'autre, la récolte se fait donc tous les 2 jours.

Les carottes et panais récoltés 2 mois et demi après le semis – et ce, qu'importe la variété – seront tout juste colorés et formés. Leur chair sera plus tendre et leur peau très fine. Ici, il s'agit d'une baby Black Nebula.

Agastache
Agastache foeniculum

Tournesol
Helianthus annuus L.

Agastache
Agastache Foeniculum

Pavot
Papaver

Shiso
Perilla frutescens

Tournesol
Helianthus annuus L.

Basilic
Ocimum basilicum

Capucine
Tropaeolum majus

Shiso
Perilla frutescens

Capucine
Tropaeolum majus

Shiso
Perilla frutescens

Shiso
Perilla frutescens

Basilic
Ocimum basilicum

Pavot
Papaver

Capucine
Tropaeolum majus

Shiso
Perilla frutescens

Les aromatiques

Shiso

Perilla frutescens

MES VARIÉTÉS PRÉFÉRÉES

de Corée	bi-coloré violet et vert
du Laos	pourpre
du Japon	vert

FICHE TECHNIQUE

Semis	Mars à juin
Espacement à la plantation 20-25 cm sur les rangs, 40-50 cm entre les rangs	
Récolte	Juillet à octobre
Exposition	Soleil
Température minimale	18 °C
Température optimale	20-30 °C

En pépinière, au centre de jeunes plants de shiso de Corée ⟶
et du Laos aux côtés des tomates et aubergines

Shiso

Perilla frutescens

Shiso pourpre du Laos

Autant vous prévenir : les personnes qui n'aiment pas la coriandre risquent de trouver le même goût désagréable au shiso !

Un peu d'Asie dans l'assiette !

Comme beaucoup de plantes aromatiques – comme le basilic ou la menthe – le shiso appartient à la famille des Lamiacées.

Qu'il soit vert ou violet, son anatomie foliaire dentelée rappelle l'ortie, sans avoir son effet urticant ! Vous serez impressionné par sa taille adulte pouvant dépasser le mètre, ce qui en fait aussi une très belle plante ornementale. D'ailleurs, j'adore en amener des bouquets (et non des bottes) aux restaurants avec lesquels je travaille. Au vase comme à l'assiette, le shiso en impose. Et s'il arrive qu'un jour je me marie, ce sera certainement avec un bouquet de shiso pourpre !

Tout s'utilise dans cette plante :

- les graines sont transformées en huile ;

- les feuilles se mangent crues comme condiment, cuites ou frites comme celles d'un chou pour envelopper des aliments et préparer des bouchées ;

- les fleurs se consomment fraîches pour aromatiser une salade de concombre par exemple.

Je trouve qu'il apporte une fraîcheur, un twist poivré/mentholé, mais tout est une question de goût.

Comme je n'aime pas choisir entre les couleurs, j'ai opté pour la culture de 3 variétés rassemblant ces caractéristiques : le vert **Ao Shiso** et le pourpre **Shiso du Japon**, et un bicolore vert-pourpre **de Corée**. La subtilité du goût varie en fonction des variétés : le bicolore vietnamien **Jeok Ssam Ip** offre plus de piquant tandis qu'on devine des notes de cumin chez le pourpre japonais ou le bicolore **de Corée**. La cheffe-chocolatière Jade Genin le transforme en granité, mêlé à une saveur citron meringuée. En plus d'être bon, le rose du shiso teinte sa création, on y verrait presque une barbe à papa.

Histoire

Le shiso est originaire de Chine et cuisiné dans toute l'Asie, il est particulièrement apprécié au Japon où ses feuilles crues sont déposées près des sushis pour en rehausser le goût.

Plantation et culture

Le shiso a besoin de lumière et de chaleur pour germer : 18 à 20 °C. Et il vous faudra de la patience, car la graine peut mettre jusqu'à trois semaines pour germer.

Préparez sa venue en semant des graines en terrine*. Quand les plants ont 2 feuilles, repiquez-les dans un godet* individuel. La plantation devra avoir lieu quand le sol est réchauffé, autour de la mi-mai.

Récolte et conservation

Vous obtiendrez une première récolte deux ou trois mois après la plantation. N'hésitez pas à tailler le shiso pour obtenir deux récoltes supplémentaires.

En séchant les fleurs, vous pourrez récupérer les graines pour les ressemer l'année suivante.

Bon à savoir

Les graines de shiso ne se conservent qu'un an, leur germination est ensuite compromise.

Shiso bicolore Coréen

+ Rien ne se perd avec le shiso !

Lors d'un voyage au Japon, j'ai eu la chance de visiter des exploitations biologiques – si nous sommes 6 % à exploiter en bio en France, au Japon c'est une rareté. Ces dernières utilisent les résidus de culture de shiso comme paillage pour couvrir leur sol. Les résidus sont broyés et mélangés à du bambou. Leur lente dégradation en automne et en hiver va nourrir le sol pour la saison prochaine et le protéger des aléas climatiques frileux.

Voilà une excellente approche permaculturelle : tout ce qui ne se mange pas chez une plante doit retourner à la terre pour la nourrir.

Tournesol

Helianthus annuus L.

MES VARIÉTÉS PRÉFÉRÉES

Velvet Queen	rouge
Helda	jaune

FICHE TECHNIQUE

Semis	Avril à mai
Plantation Vers mi-mai, après les gelées selon la région	
Espacement à la plantation 50 cm en tous sens	
Floraison	Juillet à octobre
Exposition	Soleil
Température optimale	25 °C la journée

Le Velvet Queen →

Tournesol

Helianthus annuus L.

En haut : formation de la fleur de tournesol ;
en bas : jeune Mammoth

Le tournesol s'élance magnifiquement. Fier et majestueux, il est un roi au potager.

Un vrai soleil

Le tournesol est cultivé principalement pour être transformé en huile de cuisson ou en margarine. Il se retrouve aujourd'hui malgré lui au milieu d'un conflit puisque la majorité de sa production vient d'Ukraine...

Dans vos jardins, outre sa valeur ornementale indéniable pour constituer des bouquets solaires et colorés, vous pourrez le cultiver pour en récupérer ses graines comestibles. Une fois décortiquées pour éviter tous maux d'estomac, les graines peuvent être mangées telles quelles ou grillées au four pour être servies à l'apéritif ou utilisées pour agrémenter vos pains et gâteaux. Les pétales sont eux aussi comestibles mais ont plutôt une destination décorative pour vos plats.

Histoire

Le tournesol est introduit en Europe par les Espagnols qui le rapportent d'Amérique du Nord. Là-bas, les peuples amérindiens le considèrent comme le dieu de la Guerre et l'utilisent en aliment énergétique pour nourrir leurs guerriers mais aussi comme teinture pour orner leurs objets.

Plantation et culture

Son semis se prépare chez vous, en intérieur, en avril et mai pour une implantation au jardin une fois les gelées passées.

Sa culture n'est pas très exigeante puisqu'il pousse sur tous les sols. Compte tenu de sa taille, anticipez l'ombre qu'il saura apporter. Les tournesols peuvent aussi être utiles pour décorer les bordures et délimiter les espaces au jardin.

Pensez à aménager son lit avec quelques poignées de compost et à pailler ses environs pour préserver l'humidité au sol car c'est un consommateur d'eau : deux arrosages par semaine devraient néanmoins suffire mais surveillez-le, ne le laissez pas baisser la tête !

Comme le maïs, il est allogame*, aussi, préférez en implanter plusieurs de la même variété pour obtenir la couleur escomptée plutôt que de le croiser avec une variété voisine.

Entretien des plants

Le tournesol poussant haut – 1,50 m pour le rouge et noir Velvet Queen, 4 m pour le jaune Mammoth – il sera peut-être nécessaire de le tuteurer avec une tige de bambou.

TIPS

Gare aux oiseaux !

Pour vous prémunir des attaques de volatiles, vous pouvez le protéger d'un voile léger et respirant tout autour de sa fleur, que vous attacherez à la tige.

Récolte et conservation

Le tournesol se récolte quand sa tête, qui est un ensemble de fleurs appelé « capitule », commence à brunir. Coupez-le et suspendez-le quelques semaines la tête en bas. Lorsqu'il sera complètement sec, vous pourrez commencer à décortiquer les graines pour les conserver au sec.

+

Une plante lumineuse

Jaune vif, orangé ou même rouge, le tournesol est le symbole du soleil, dont il suit le parcours tout au long de la journée jusqu'au moment où il atteint sa complète floraison. Ce phénomène a été théorisé par le fondateur de l'évolutionnisme Charles Darwin, qui le nomma « héliotropisme » (du grec helios *et* tropos, *« le tour ») ; il désigne l'habilité des plantes à capter la lumière par leur bourgeon puis à se tourner vers elle. Rappelons que les plantes se nourrissent de la lumière pour déclencher le processus de photosynthèse, sans lequel elles ne grandissent pas. Le botaniste israélien Daniel Chamovitz, dans son livre* La Plante et ses sens *(Buchet-Chastel, 2018), compare élégamment cette capacité à notre sens de la vue. Ce sont également des expériences scientifiques réalisées sur des tournesols qui ont permis d'identifier le fait que les plantes savent aussi quantifier la lumière reçue : au cours de leur croissance, si l'on réduit la lumière reçue, cela accélère et engendre leur floraison. C'est ainsi que les plantes identifient la longueur des nuits et calculent donc l'arrivée d'une saison. Encore une preuve que les plantes sont bien plus sensibles, j'ose même dire intelligentes, qu'on ne l'imagine...*

Basilic

Ocimum basilicum
Ocimum tenuiflorum (thaï)

MES VARIÉTÉS PRÉFÉRÉES

Opale	violet foncé
Thai	vert et violet
Citron	vert
Grand Vert	vert foncé

FICHE TECHNIQUE

Semis	Mars à juin
Plantation	Mai à août
Espacement à la plantation 20 à 25 cm en tous sens	
Récolte	Juin à septembre
Exposition	Soleil
Température optimale	15 à 18 °C

Jeunes plants de basilic Opale, Grand Vert et Mammouth→

Basilic

Ocimum basilicum
Ocimum tenuiflorum (thaï)

De haut en bas : thai pourpre, basilic vert, et citron

L'odeur de l'été, le vert synonyme de vie qui l'accompagne... S'il y a pour moi une herbe aromatique de l'été, c'est le basilic, condiment par excellence.

Un même nom pour des saveurs si différentes

Comme la chanson le clame, Capri – et sa salade mythique au basilic –, c'est fini. Ou plutôt il est temps de changer du **Grand Vert**, un classique excellent, pour découvrir de nouveaux territoires.

Ce que je préfère avec le basilic, c'est la multitude de goût et d'usages culinaires qu'il propose. Anisé, citronné, poivré, voire poivroné, à la cannelle, mentholé, le choix dépendra du mariage de vos plats. Qu'ils soient salés ou sucrés, ajoutez le basilic de préférence cru au dernier moment pour conserver tout son arôme. Mais on peut aussi le cuisiner en l'infusant pour réaliser des crèmes, des glaces, comme le faisait la cheffe pâtissière Aurora Storari au restaurant Le Clarence à Paris : elle utilise le basilic citron pour aromatiser ses desserts. D'autres chefs préfèrent l'intensité du basilic **Thaï**, aussi nommé « Tulsi » en Inde, où il est considéré comme une plante sacrée. Le basilic **Ocimum tenuiflorum**, contrairement à ses cousins, a l'avantage de conserver un goût puissant et ce, également après cuisson ; j'aime, quant à moi, ajouter ses fleurs ou ses feuilles dans mes dhals (plat indien à base de lentilles corail, lait de coco et curry) pour les twister. Ma variété de basilic adorée est l'**Opale** pour son pourpre foncé et ses feuilles dentelées, dont le goût s'approche d'un basilic vert. Comme quoi, les couleurs sont trompeuses, si l'**Opale** et le **Thaï** partagent la même couleur, ils s'éloignent sur la saveur. Peut-être préférerez-vous les immenses feuilles du **Mammouth**, idéales pour former des ballotins à farcir, ou le goût de poivron du **Green Pepper**, celui de l'**Anis** ou du basilic **Cannelle** ?

Histoire

La couleur émeraude du basilic m'évoque le soleil de l'Italie, son pesto, les vagues qui caressent le port de Gênes... Difficile d'imaginer que cette merveille vient d'Iran et d'Inde. Le basilic se cultive dans une multitude de pays, du bassin méditerranéen à la Nouvelle-Guinée, et s'est adapté avec aisance à beaucoup de cuisines différentes.

Plantation et culture

Les graines étant minuscules, il convient de prime abord de les répandre à la volée dans une terrine*. Il sera plus facile de repiquer individuellement les plants dans un godet* ou une motte pour une croissance d'un bon mois avant l'implantation au jardin.

Bon à savoir

De manière générale, le repiquage* d'un plant favorise le développement racinaire. Mais ce n'est pas indispensable. La préparation des semis demande de l'attention et du temps que nous n'avons pas forcément. Aussi, vous trouverez en jardinerie des plants de taille adulte, même si malheureusement, j'y ai rarement vu les variétés atypiques (on ne peut pas tout avoir !).

Le basilic se cultive aisément en pot ou en pleine terre. Vous n'avez aucune excuse pour ne pas essayer ! Placez-le au bord de votre fenêtre pour repousser les moustiques en été et au pied de vos tomates pour les protéger des parasites ou autres maladies. Respectez simplement un espacement de 20-25 cm entre les plants et préparez un lit de compost et une poignée de fumier composté. Pour qu'il continue sa pousse, veillez à couper régulièrement les fleurs qui se forment.

À la différence du thym, qui apprécie la chaleur et le sec, le basilic a besoin d'un arrosage régulier pour éviter le flétrissement de ses feuilles. C'est le même principe que pour votre peau : sans hydratation, littéralement, vous séchez et fanez.

TIPS

Plus frais plus longtemps

Mon amie Dasha C. m'a donné un conseil astucieux pour conserver des herbes aromatiques fraîches plus longtemps : au lieu de placer votre botte dans un verre d'eau, ce qui ramollit les tiges, placez-la, enveloppée dans un torchon humide, au réfrigérateur. Pour rebooster une botte qui commence à faire la tête, les chefs la plongent dans de l'eau avec des glaçons pour une quinzaine de minutes. Mais cette technique fonctionne uniquement sur des plantes tout juste récoltées.

Récolte et conservation

Le basilic se récolte de préférence le matin, rafraîchi par la nuit et la rosée, les cellules gorgées d'eau. Mais, sur mon balcon, je glane les feuilles selon mes besoins, et qu'importe l'heure. En revanche, quand je passe la porte des restaurants avec lesquels je travaille, mes bras débordent de verdure : je n'apporte pas une botte mais un bouquet, un seau galvanisé rempli d'aromatiques. Ma toute première règle est qu'il faut que ce soit aussi beau qu'appétissant. En disant cela, j'entends le chef Giovanni Passerini me dire que ça va encore finir en pesto !

Capucine

Tropaeolum majus

Capucines Black Velvet, Primrose Jewel et Golden Gleam

MES VARIÉTÉS PRÉFÉRÉES

Black Velvet	rouge ou orange
Golden Gleam	jaune
Primrose Jewel	blanche

FICHE TECHNIQUE

Semis	Mars à juillet
Espacement à la plantation 20-25 cm sur le rang, 40-50 cm entre les rangs	
Récolte	2 à 3 mois plus tard
Exposition	Soleil
Température optimale	18 à 20 °C la journée

L'avantage de cette plante rampante est qu'elle se cultive facilement, que ce soit en jardinière ou en pleine terre.

L'aromatique chouchou des chefs !

La capucine est particulièrement appréciée des chefs car presque tout se mange chez elle : les fleurs orangées, jaune ou rouge vif de la Black Velvet parfument les plats avec une note de cresson tandis que, consommées crues, ses feuilles vertes nervurées de blanc ont un goût poivré.

Histoire

Voici encore une plante qui nous vient des Andes et probablement du Pérou.

Plantation et culture

Libre à vous de cultiver une variété naine, buissonnante* telle la jaune claire **Primrose Jewel,** ou une variété rampante comme la **Golden Gleam** que vous laisserez s'étendre au sol ou que vous inviterez à grimper sur un tuteur.

Le semis se réalise directement en terre dès la fin avril ou au chaud dès mars pour une plantation à la fin mai, quand la chaleur est de retour.

Entretien des plants

La capucine n'est pas une plante très exigeante en matière de sol et d'arrosage à condition de pailler son sol. Elle s'étend rapidement, ce qui vous permet de récolter au fur et à mesure selon vos besoins et qui en fait une belle plante ornementale.

Récolte et conservation

Les feuilles se récoltent de préférence jeunes et petites pour un goût explosif. Cependant, veillez à toujours laisser quelques fleurs afin que la capucine puisse continuer sa croissance et sa reproduction. Pour autant, quand les feuilles grandissent pour atteindre la taille d'une paume de main, elles pourront vous servir de ballotin à farcir car elles s'attendrissent à la cuisson.

Agastache

Agastache foeniculum, rugosa, mexicana

Aussi bien ornementale que comestible, l'agastache séduit les cuisiniers et attire au jardin les abeilles et autres pollinisateurs.

MES VARIÉTÉS PRÉFÉRÉES

Foeniculum (ou anis hysope)	violette
Rugosa	violette
Flamboyant	blanc et rose

FICHE TECHNIQUE

Semis	Mars à mai
Plantation 5 semaines après le semis, après les gelées de mai à juillet	
Espacement à la plantation 40 cm en tous sens	
Récolte	Juin à septembre
Exposition	Mi-ombre à soleil
Température optimale	15 à 18 °C

Une plante injustement méconnue

Au loin, l'agastache pourrait être confondue avec la lavande. Toutes deux issues de la famille des Lamiacées, elles se parent d'épis floraux d'un bleu tirant vers le violet ; néanmoins leur feuillage diffère et c'est justement celui-ci qui intéresse nos palais. Si les fleurs sont également comestibles, ce sont surtout les feuilles qui sont utilisées en cuisine pour infuser toutes sortes de préparations, en particulier les desserts.

Il existe une vingtaine de variétés de cette plante dont le goût se situe entre l'anis et la réglisse, notamment pour la plus commune ***Foeniculum*** ; mais ce goût peut tendre vers la menthe pour la **Mexicaine** et la **Rugosa**, et vers le citron pour la **Dorée**.

Histoire

L'agastache est utilisée par les Amérindiens depuis fort longtemps en tant que plante sacrée et médicinale.

Plantation et culture

L'avantage de cette plante buissonnante* est qu'elle requiert peu d'entretien et est peu exigeante. Poussant en tous sol à condition qu'il soit bien drainé pour qu'elle s'enracine correctement, elle survivra plusieurs années là où vous l'implanterez si vous la taillez en hiver.

Selon la variété choisie, les fleurs bleues, rouges, violette ou orange apparaîtront dès le mois de juin.

Récolte et conservation

Comme pour toutes les aromatiques, il est préférable de récolter les feuilles avant la floraison pour conserver une saveur stable et éviter une pointe d'amertume.

Le stade idéal pour récolter les feuilles et les cuisiner ; ci-contre : Rugosa

Pavot

Papaver

Le pavot **de Reconvilier**

MES VARIÉTÉS PRÉFÉRÉES

Pavot de Reconvilier	rose, blanc, rouge
Coquelicot	rouge
Pavot de Californie	orange
Pavot Bleu ou Somniferum nigrum rose, mauve, violet	

FICHE TECHNIQUE

Semis	Mars à juillet
Espacement à la plantation 20-25 cm sur le rang, 40-50 cm entre les rangs	
Récolte	2 à 3 mois plus tard
Exposition	Soleil
Température optimale	18 à 20 °C la journée

Je ne pouvais pas clôturer ce livre sans évoquer les couleurs flamboyantes des fleurs appartenant à la famille des Papavéracées.

Une palette éclectique

Rien n'est plus plus beau que de voir nos campagnes rougir l'été de coquelicots.

Mon pavot préféré est celui **de Reconvilier,** dont la palette éclectique va du blanc au rose et rouge : mais c'est une plante ornementale.

À défaut de vous nourrir, il saura attirer et satisfaire les abeilles et autres pollinisateurs, ce qui n'est pas de moindre importance pour fertiliser les autres plantes du jardin.

En revanche d'autres espèces ont un usage alimentaire ou médicinal.

Le fameux rouge vif **Coquelicot** se mange entièrement !

Ses feuilles se consomment crues ou cuites, ses boutons floraux ont un goût de noisette en salade et ses pétales, s'ils ne sont pas transformés en sirop, décoreront toutes sortes de plats. Pour l'orange **de Californie** ce sont les fleurs qui seront utilisées en tisanes pour apaiser vos soirées. Quant au **Pavot Bleu**, ses graines riches en calcium et en oméga peuvent être transformées en huile ou utilisées telles quelles pour agrémenter vos pains, pâtisseries ou salades.

Histoire

Le pavot et l'homme sont étroitement liés depuis des milliers d'années du Néolithique à l'Égypte des pharaons ou encore durant la Grèce antique d'Homère.

Néanmoins, il est difficile d'établir avec certitude son origine puisque les écrits évoquent surtout la variété de **Pavot Somniferum album**. Plus connu sous le nom d'« opium », il est probablement issu d'un croisement avec une autre espèce de pavot préexistante, cette hybridation ayant été accentuée par l'homme afin d'accroître ses propriétés sédatives.

De l'Asie au Moyen-Orient, jusqu'en Europe, sa consommation deviendra problématique au point qu'elle engendra la signature en 1912 du tout premier traité international visant à interdire les drogues.

Plus légèrement, soulignons que le pavot connaît au XIXe siècle un essor poétique notamment au travers des œuvres de Lamartine ou de Baudelaire pour ne citer qu'eux.

Mais rassurez-vous, aucune chance de vous intoxiquer puisque le **Pavot Somniferum album** n'est aujourd'hui plus commercialisé !

À vous de choisir vos formes et couleurs parmi les 70 variétés recensées.

Plantation et culture

Le pavot n'est pas une plante exigeante en matière de sol mais réclame que celui-ci soit drainé et arrosé. Pratique pour les urbains : il s'accommode également à une culture en pot.

Pour préparer son semis en pleine terre, assouplissez votre sol à l'aide d'un râteau ou de la grelinette. Vous pourrez ensuite le semer à la volée à condition d'éclaircir par la suite à raison d'une plante tous les 30 cm. Les plus précautionneux, dont je fais partie, élèveront leurs plants en pépinière, c'est surtout bénéfique pour le **Coquelicot** qui est un peu plus fragile. À la plantation il faudra respecter l'espacement car c'est une plante au feuillage buissonnant*, d'autant que la hauteur des fleurs varie selon les variétés, du plus petit **de Californie** mesurant 30 cm à l'immense **Pavot Bleu** qui peut atteindre 1 m.

Au cours de l'été, pensez à couper les fleurs fanées à la base de la tige pour inciter la plante à en produire de nouvelles.

Récolte

La période de récolte dépendra de son usage.

Pour conserver leur caractère organoleptique, les feuilles se récoltent avant la floraison.

Pour en faire des bouquets, coupez les fleurs quand elles bourgeonnent, elles s'ouvriront par la suite.

Pour récupérer ses précieuses graines, attendez que les fleurs se fanent quelques semaines après la floraison, coupez-les et faites-les sécher en les disposant à plat ou en bouquet suspendu la tête en bas.

Toutes les variétés citées ici ont un cycle de vie annuel, mais, si vous laissez au sol ses graines tombées à la fin de l'été, le pavot refleurira au même endroit d'année en année.

Annexes

Lexique botanique du jardinier

La classification des végétaux

Imaginez la classification végétale comme une pyramide. La première classe, au sommet, est la famille.

Une famille : ensemble de végétaux ayant de grandes similitudes. Les légumes du soleil sont les Solanacées ; les plantes à gousses comme les haricots ou les pois sont des Fabacées ; les choux et les radis, dont les plantules ont quatre folioles, sont des Brassicacées, etc.

Une espèce : c'est le deuxième étage de la pyramide, celui qui distingue les légumes au sein d'une famille – une tomate, une aubergine, une fève, un fenouil, une carotte…

Une variété : le dernier étage est le plus précis, il donne la spécificité d'un légume, une histoire puisqu'il raconte un terroir. Par exemple, la Ratte ou la Charlotte sont des pommes de terre, le brocoli et le kale sont des choux, le Daïkon est un radis, la Noire de Crimée et la Green Zebra sont des tomates…

Une angiosperme : correspond à la classification botanique qui regroupe toutes les plantes produisant des fleurs. Les angiospermes représentent l'essentiel des plantes que nous mangeons (par opposition aux gymnospermes, plutôt du genre épineux, comme les sapins).

Un fruit : comme la chenille qui évolue en papillon, la fleur, elle, se transforme en fruit. « Fruit » est ainsi un terme botanique qui désigne l'organe contenant les graines indispensables à la reproduction de la plante mère. Le fruit est donc la partie que nous mangeons le plus souvent. Par exemple, la courgette est le fruit de la plante, la gousse du petit pois ou du haricot est un fruit.

Un légume : une plante cultivée et comestible.

La composition d'une graine

Un embryon : est le patrimoine génétique de la variété.

Un tégument : est une sorte de couette, l'enveloppe protectrice de la graine.

La composition d'une fleur

Une fleur : est la partie de la plante qui va se transformer en fruit. C'est aussi son organe sexuel, le lieu de la fécondation.

Le pistil : c'est la partie femelle de la fleur, qui contient ses ovaires. Ces derniers sont équipés pour capturer le pollen.

L'étamine : c'est le côté mâle de la fleur, une tige dont le bout contient des sacs jaunes chargés de pollen.

Le pollen : est l'élément fécondateur, souvent sous forme de minuscules grains. Il est le producteur d'ADN de la future plante.

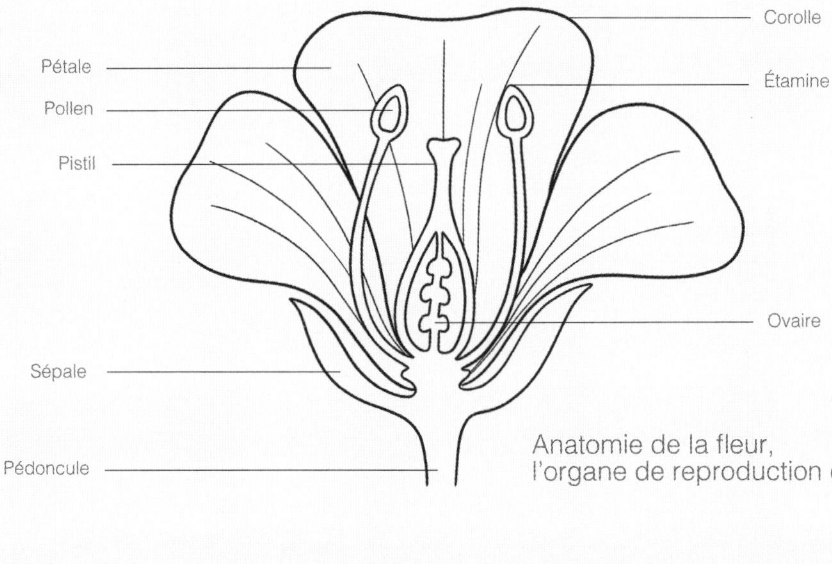

Anatomie de la fleur,
l'organe de reproduction d'une plante

L'anatomie de la plante

Le collet : désigne la partie la plus basse de la plante, le début de la tige juste avant les racines. C'est par ici que l'on manipule une plantule.

Un pied : désigne une seule plante, un individu. À ne pas confondre avec « au pied » : au niveau du sol, près des racines d'une plante.

Les racines : en s'ancrant dans le sol, elles vont le décompacter pour y puiser l'eau et capter les éléments nutritifs nécessaires à la croissance de la plante. En fin de culture, veillez à laisser un maximum de racines dans le sol, essayez de ne pas arracher toutes les racines de la plante à ôter. En se dégradant, ces racines vont nourrir toute une microfaune présente dans le sol. Les insectes et autres bactéries sont exactement comme nous, attirés par l'objectif de s'alimenter. Laissez-leur ce plaisir, ils vous le rendront au centuple en enrichissant le sol et sa structure. Le karma s'applique partout : *what you give is what you get*, qui se traduit en français (avec une nuance agricole) par l'expression « on récolte ce que l'on sème ».

Les radicelles : sont les toutes petites racines qui partent des racines pour mieux capter l'eau et les minéraux.

La rave : c'est la partie souterraine, la racine comestible d'une plante. S'utilise pour le navet, la betterave, le chou-rave, le radis, le rutabaga.

Un glomérule : désigne un fruit qui contient plusieurs graines, aussi appelées « graines plurigermes ».

Un nodule (des nodosités) : organe rond issu de la symbiose de la racine avec des bactéries, permettant de stocker de l'azote.

Buissonnante : se dit d'une plante qui pousse de manière compacte, comme un buisson.

Coureuse : c'est l'opposé de buissonnante, se dit d'une plante dont les ramifications s'étendent et courent au sol, occupant ainsi un espace important.

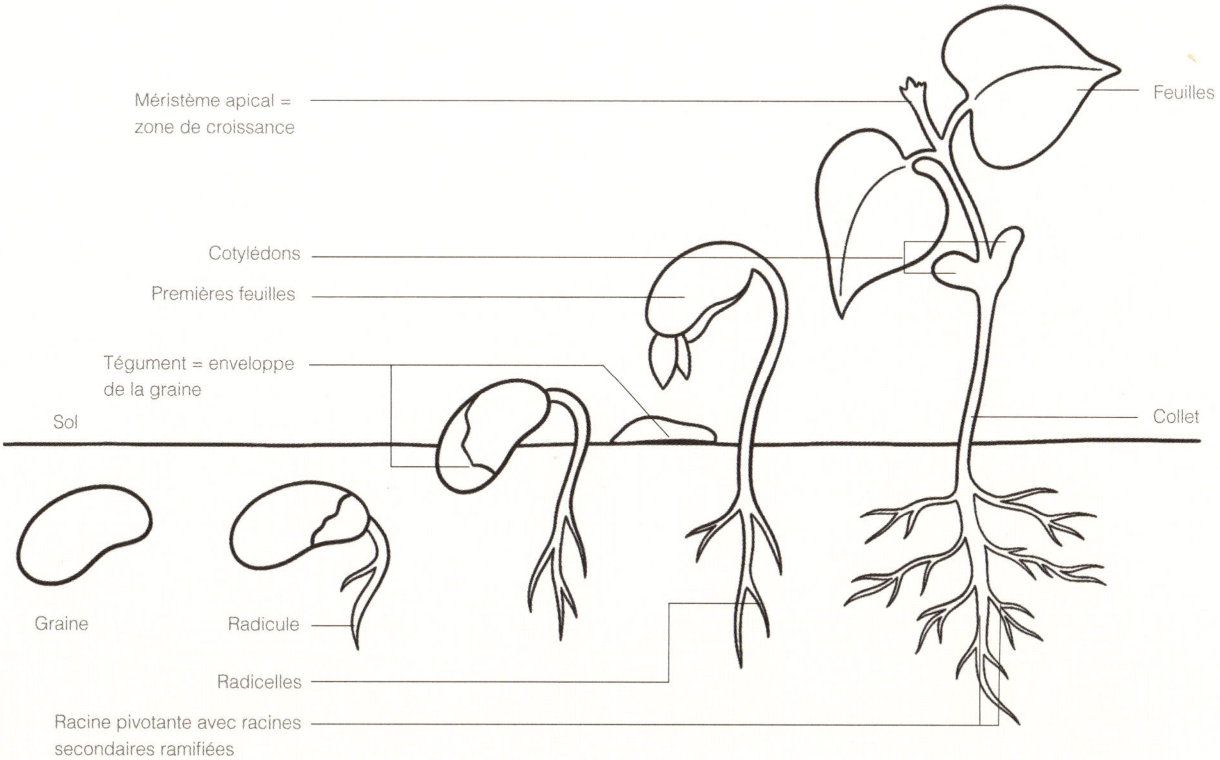

La germination du haricot

Le mode de reproduction des plantes

Allogame : les plantes allogames sont celles qui ont besoin du pollen provenant de la fleur d'une autre plante pour être fécondées. Cela concerne les courges, le maïs, la carotte, la betterave, le poireau, l'oignon, le panais, presque tous les légumes.

Autogame : la plante a la capacité de s'autoféconder grâce aux fleurs d'un même pied. C'est un mode de reproduction quasi autonome. Quelques espèces sont concernées : le haricot, la tomate, l'aubergine, la laitue, le poivron, le soja.

Anémophile : lorsque la fécondation des fleurs s'opère par le vent.

Entomophile : quand la fleur a besoin de l'aide des insectes pour être ensemencée.

Les substrats

Le compost : est l'or noir issu de la décomposition de matière organique. Il est obtenu grâce à de long mois (six à neuf) de fermentation. Le compost nourrit le sol du jardin et aide à assouplir un sol compact. Son épandage a lieu 1 ou 2 fois par an, à l'automne et/ou au printemps, à raison de 5-10 cm.
• Voici la recette d'une bonne dégradation végétale maison :
Dans un coin à l'ombre et de préférence à l'abri de la pluie, empilez des matières sèches carbonées (carton, paille, branches, feuilles mortes) et des matières humides azotées (tonte de gazon, déchets de cuisine). Arrosez régulièrement afin d'entretenir la chaleur au cœur du tas. Retournez parfois le tout en inversant les couches afin que l'oxygène circule. La recette idéale se compose de 1/3 de matière carbonée et de 2/3 de matière azotée.

Composté : décomposé, maturé, vieilli. Se dit de végétaux mais aussi du fumier de cheval que l'on utilise toujours composté au jardin pour éviter un surplus d'azote.

Le compost de déchets verts : compost exclusivement issu de la dégradation de végétaux.

Le terreau : désigne un mélange de dégradation organique végétale dont l'ingrédient central est la tourbe. À la différence du compost, qui s'utilise directement au sol, le terreau permet de démarrer ses semis.

La tourbe : c'est une matière fossile, née de la décomposition de végétaux évoluant dans un milieu humide, marécageux. C'est un processus qui prend de très longues années. La tourbe est utilisée pour la préparation des semis et sa capacité à retenir l'eau – une terre humide est toujours bénéfique pour la croissance des racines.

Le guano : engrais naturel composé de fiente de poule ou tout autre gallinacé.

Le sol

Décompacter : ameublir et aérer le sol pour le rendre plus souple afin que les racines des végétaux puissent s'y installer correctement. Pour cela, on utilise la grelinette, qui permet d'assouplir sans retourner les horizons du sol.

Décaisser : enlever la couche supérieure du sol grâce à une pelle.

Meuble : se dit d'une terre légère, facile à travailler.

L'espace

Une planche : est une zone de culture rectangulaire.

Un rang : est une ligne sur une planche où sont semés et plantés des légumes.

Un îlot : est un ensemble de plusieurs plantes d'une même variété plantées les unes à côté des autres.

Les outils

La grelinette : cet outil permet de décompacter le sol, en plantant ses dents à la verticale dans la terre puis en utilisant le principe de levier grâce à ses deux manches que l'on tire vers soi. Ainsi, le sol est aéré sans être retourné, contrairement à un bêchage.

La fourche bêche : est une sorte de pelle mais avec des dents que l'on enfonce dans le sol et que l'on tire vers soi afin d'arracher des végétaux ou de récolter certains légumes sans les abîmer (carotte, pomme de terre). Elle sert aussi à retourner du compost, à déplacer du fumier. Si vous n'avez pas de grelinette, elle peut s'utiliser de la même manière pour ameublir un sol.

Le Brix : est un indice de mesure du sucre présent dans un liquide. Un degré Brix = 1 gramme de sucre pour 100 grammes de liquide. Il est défini grâce à un réfractomètre.

Un silo : est une cagette ou tout autre réceptacle rempli de sable dans lequel sont disposés des légumes à l'abri de la lumière, permettant ainsi leur conservation pendant plusieurs mois.

Le semis

La levée : elle suit la phase de germination, lorsque la plante sort de terre.

Une plantule : est un bébé plante, une jeune pousse possédant quelques feuilles.

Un godet : est un petit récipient en plastique réutilisable (le plastique n'est pas antiécologique s'il est réutilisé de nombreuses années). Plusieurs tailles existent : le 7 cm pour repiquer une première fois les Solanacées (tomate, aubergine, poivron et piment), mais aussi la courgette et le concombre. Les courges demandent un godet plus grand comme un 9 cm.

Une motte : est un petit bloc de terre obtenu par un outil, appelé « motteuse ». Il peut remplacer les godets, c'est plus durable.

Une plaque alvéolée : est une plaque en plastique constituée de plusieurs alvéoles, réceptacles, qui accueilleront chacune un plant après y avoir semé des graines.

Une terrine : est un réceptacle percé au fond dans lequel sont semées des graines comme des aromatiques, des fleurs ou des Solanacées dans le but d'obtenir des plantules qui seront ensuite repiquées individuellement en godet.

Semis direct/semer en place : consiste à mettre les graines directement dans le sol, sans avoir à élever des plants.

Préparer un semis : c'est lorsqu'on part de la graine que l'on dispose dans du terreau jusqu'à l'obtention d'une plantule prête à être plantée en terre quelques semaines plus tard. On dit aussi qu'on « élève » un plant (oui, comme un enfant).

Étaler/échelonner un semis : semer sur une période longue et avec intermittence. Par exemple, semer ses tomates en février, puis en avril vous évitera de toutes les planter à la mi-mai.

Un poquet : 3 ou 4 graines à semer ensemble.

La vermiculite : est un substrat minéral argileux, composé de petites pierres, utilisé pour la germination des semis ou pour alléger un terreau. Elle conserve l'humidité en surface sans tasser un semis de salade par exemple.

La perlite : est un substrat minéral volcanique qui s'utilise comme la vermiculite pour ses propriétés drainantes et imputrescibles.

La bulbille : est un jeune bulbe d'oignon à planter directement dans le sol – ce qui évite de préparer ses plants en amont.

Repiquer : transférer une plantule d'un réceptacle à un autre – généralement de la terrine à un godet – afin d'aider la plante à développer davantage ses racines et à mieux se développer.

Une nappe chauffante : est un tapis composé de cordons chauffants qui permet de conserver une température uniforme et continue afin de maîtriser parfaitement la pousse des semis.

Le travail au sol et l'entretien de la plante

Éclaircir : sur un rang. Lorsque les plantules sont en place, l'opération consiste à laisser de l'espace entre chaque plantule afin de respecter l'espacement nécessaire à leur épanouissement. Lors d'un semis, cela consiste à sélectionner et à conserver la plantule la plus robuste, en retirant toutes ses voisines.

Butter/buttage : cette opération consiste à ramener un monticule de terre proche d'une plante, à l'aide de la houe ou de ses mains afin de créer une butte.

Égourmander : supprimer à la main une future pousse à l'aisselle de la tige principale d'une plante et d'un rameau. Cela incite la plante à concentrer toute son énergie sur les pousses et fruits déjà existants.

L'enherbement : est un espace envahi de plantes indésirables.

Les maladies et ravageurs

L'altise : c'est l'insecte parasite des jardins, un coléoptère sauteur fortement attiré par les plantes de la famille des Brassicacées, dont il grignote le feuillage à vitesse éclair !

Le mildiou : est une maladie issue d'un champignon pathogène affectant de nombreuses plantes et évoluant rapidement lorsque l'humidité est trop présente. Les spores se propagent rapidement, les feuilles brunissent, blanchissent et les fruits peinent à atteindre leur maturité.

L'oïdium : est une autre maladie issue d'un champignon, dont le symptôme est l'apparition de taches blanchâtres et duveteuses sur les feuilles, bloquant ainsi la photosynthèse nécessaire à la bonne croissance de la plante.

Les semences

La variété population, dite « ancienne », est une variété stable génétiquement, dont la reproduction donnera une descendance identique.

Le terme « ancienne » prête à confusion puisque l'on pourrait comprendre qu'il s'agit d'une plante ancestrale. Or de nouvelles variétés sont créées chaque année, toutes les variétés anciennes sont issues de variétés qui sont hybridées, croisées. C'est en reproduisant sur plusieurs générations une descendance similaire que l'on crée une nouvelle variété. Lorsque sa descendance est systématiquement uniforme on dit qu'elle est fixée.

Une hybride (F1), c'est la rencontre entre deux variétés qui n'avaient a priori pas de raison de se croiser. F1 signifie de première génération. Lorsque ces semences sont produites à grande échelle, c'est pour obtenir une méga-variété, plus productive, plus résistante aux maladies. Inutile de conserver les semences d'une variété F1 car vous n'obtiendrez pas un plant similaire à ses parents, la descendance de cette variété n'a en effet pas été stabilisée.

Mais, comme ce n'est pas un OGM, ces semences sont acceptées par le label biologique.

Tristement, les légumes issus de variétés hybrides sont ceux que nous trouvons le plus souvent vendus en jardinerie. Si j'ai, et aurai, toujours une préférence pour les variétés anciennes, il faut reconnaître que les variétés hybrides peuvent être utiles et attrayantes.

Les méthodes de cultures

Biologique : se dit d'une culture sans OGM ni pesticides issus de produits de synthèse et répondant à un cahier des charges établi par un organisme certificateur.

Permaculture : contrairement aux idées reçues, la permaculture ne désigne pas seulement une technique agroécologique des cultures nourrissantes où l'on associe des plantes différentes en désherbant a minima – l'association des cultures est aussi présente en agriculture biologique ou en maraîchage sur sol vivant. La permaculture est une approche plus globale, où l'on cherche à recréer un système de production autonome, un cercle vertueux dans lequel s'inscrivent l'habitat, les cultures et l'humain qui tous s'entraident et se suffisent.

Maraîchage sur sol vivant : se dit de la pratique de cultures simplifiées, incluant une absence ou un minimum de travail du sol et reposant sur l'apport massif de matière organique et/ou animale décomposée.

Où trouver ses graines ?

Agrosemens : www.agrosemens.com

Alsagarden : www.alsagarden.com

Baker Creek Seeds : www.rareseeds.com

Le Biau Germe : www.biaugerme.com

La Boîte à Graines : www.laboiteagraines.com

Cultive Ta Rue : www.cultivetarue.fr

Essem'Bio : www.essembio.com

Germinance : www.germinance.com

Graines de Troc : www.grainesdetroc.fr

Graines del Païs : www.grainesdelpais.com

Johnny's Seeds : www.johnnyseeds.com

Kokopelli : www.kokopelli-semences.fr

La Ferme Sainte Marthe :
www.fermedesaintemarthe.com

Le Potager d'un curieux :
www.lepotagerduncurieux.fr

Mille Variété Anciennes :
www.millevarietesanciennes.org

Row 7 Seed Company : www.row7seeds.com

Sativa : www.sativa.bio

Semailles : www.semaille.com

Smarties : www.smarties.bio

Tomato Revolution : www.tomatorevolution.co.uk

Tomatofifou : www.tomatofifou.com

Mes recommandations littéraires

Encyclopédie des plantes alimentaires, Michel Chauvet (Belin, 2018)

Vivre avec la terre, Charles et Perrine Hervé-Gruyer (Actes Sud, 2019)

The New Organic Grower, Eliot Coleman (Chelsea Green Publishing, 2018)

Le Génie du sol vivant, Bernard Bertrand (Terran, 2009)

Mon balcon nourricier en permaculture, Valéry Tsimba (Ulmer, 2021)

L'avenir est dans le champ, Jean-Martin Fortier et Marie-Claude Lortie (La Presse, 2019)

Le sol, la Terre et les Champs, Claude Bourguignon (Sang de la terre, 1989)

Le Guide du jardin bio, Jean-Paul Thorez et Brigitte Lapouge-Déjean (Terre Vivante, 2020)

Pucerons, mildiou, limaces... : prévenir, identifier, soigner bio, Jean-Paul Thorez (Terre vivante, 2008)

How to Grow More Vegetables, John Jeavons (Clarkson Potter/Ten Speed, 2017)

Produire ses graines bio, Christian Boué (Terre Vivante, 2021)

L'Homme qui écoute les légumes, Asafumi Yamashita (Actes Sud, 2016)

Manuel de culture sur butte, Richard Wallner (Rustica, 2013)

Des légumes : petite encyclopédie gourmande, Jean-Marie Pelt (J'ai lu, 2009)

Les semences, un patrimoine vital en voie de disparition, Pierre Rabhi & Juliette Duquesne, (Presses du Châtelet, 2017)

Le Grand Guide Marabout de l'autosuffisance, John Seymour (Marabout, 2019)

Produire des légumes biologiques, Collectif (Itab, 2020)

Le Jardin vivrier, Marie Thévard (Écosociété, 2021)

J'arrête de bêcher, Charles Dowding (Marabout, 2024)

Jardiner sans se fatiguer, Ruth Stout (Tana, 2023)

Guide du nouveau jardinage, Dominique Soltner (Coll. « Sciences et Techniques Agricoles », Terran, 1900)

Bras : Le goût du jardin, Cindy Chapelle et Yannick Fourié (Plume de Carotte, 2019)

Index général

Index végétal

Remerciements

À ma famille et particulièrement à mon père pour ce qu'il m'a appris du goût, son sourire et nos milliers de joies partagées.

À Julie Andrieu, pour son soutien tendre et infaillible, et sans qui cet ouvrage et d'autres aventures n'existeraient pas.

À Bruno Verjus, Michael Grosman, Jaïs, Joshua An, Christophe Pelé, Aurora Storari, Giovanni Passerini, tous les chefs, leurs équipes et restaurateurs qui m'ont permis de réaliser et de manger mon rêve.

À Luca « Ruruki » Gargano, per cui una parola è un atto.

À Pierre, Laura et ma famille de cœur qui se reconnaîtra.

À Marco, per la forza e l'amore che mi hai dato.

À Sophie, pour son enseignement : force, courage, conviction.

À Emma, Léo et Wilhelm.

À mes éditrices, pour leur patience et leur confiance.

Enfin, à Olga, pour la bave, les plis et son amour inconditionnel.

Ce n'est pas un César, mais Maman, si tu es là, regarde, j'ai écrit un livre.

Crédits iconographiques

Toutes les photographies sont réalisées par Lola Perier, à l'exception des images :

Page 10 : © Jean-Marie Perier

Page 38 (1ère rangée image 1, 2nde rangée, image 2, 3ème rangée image 3 et 4ème rangée image 4), pages 48-49, page 55, page 68 haut droite, page 69 bas, page 115 bas droite, page 122 haut droite, page 125, page 128-129, page 132, page 134, page 137, page 154 1ère rangée image 1, page 170 : © Shutterstock ;

Page 42 haut droite : © Lamontagne / Biosphoto, page 56 gauche : © Alain Kubacsi / Biosphoto, page 71 haut : © Modeste Herwig / Flora Press / Biosphoto, page 108 gauche : © NouN / Biosphoto, page 109 haut : © Jean-Michel Groult / Biosphoto, page 111 haut : © NouN / Biosphoto.

Illustrations des pages 22, 28, 29, 176, 177 : © Valentine Ferrandi

3272597

978-2-501-17760-3

Dépôt légal : mars 2024

Achevé d'imprimer en Espagne en janvier 2024 sur les presses de Macrolibros.